AQUARIUS

AQUARIUS

AQUARIUS

AQUARIUS

後青春 Restart

後青春，更超越青春。
從心理、健康、照護，到尊嚴的告別，
我們重新啟動一個美好的人生後半場。

終究一個人，

何不先學快樂的獨老

劉秀枝◎著

【失智症領域權威醫師・作家・Podcast頻道主】

誌謝

寫作路上，我處處逢貴人，尤其本書的出版要感謝的人很多：

《康健雜誌》賀桂芬總編輯的團隊與劉好葶資深編輯，以及《聯合報》「元氣周報」王郁婷主編，多年來提供我文章發表的園地，並幫忙潤飾、下醒目標題。

我以前在臺北榮總的三位同事王培寧醫師、李佩詩和林幸慧小姐，修正我每一篇文章，以達到醫療訊息正確，且文詞達意，不誤導讀者。

近年來，受「臺北市閱讀寫作協會」汪詠黛創會理事長的指導，擴展我的寫作領域。

臺北榮總王署君副院長帶領的神經內科團隊每星期的病例討論會，是我寫作題材的重要來源，讓我不

誌謝

僅學習新知，且與現代醫療不致太脫節。

還有，願意分享其生命故事且讓我寫入書中的至親好友們。

並且要感謝點燈文化基金會張光斗董事長、熟齡媒體《50+》召集人陳莞欣主編、資深媒體人蘭萱小姐，支持及推薦本書。

當然，寶瓶文化朱亞君社長及其團隊的推動，丁慧瑋編輯不斷問問題、反覆推敲，以超強的執行力，替本書重整、分類、修飾，加上活潑、切題的小標，注入了活水。

不可或缺的，是一直鼓勵我的讀者與臉書的粉絲們。這本書，我讀了歡喜，希望讀者們也都喜歡。

【前言】

回到未來，與自己對話

想到我的雙親往生時都逾九十歲高齡，如果沒有意外，我可能也會長壽。那麼，未來二十年的日子要如何過呢？我試著從未來的九十五歲回頭與七十五歲的自己對話——

超前部署，讓之後的上坡路輕鬆點

七十五歲這年，經歷了影響全球達數年的新冠病毒重擊，除了施打六劑疫苗，獨居的你深諳「**身心健康是個人防疫的不二法門**」。

即使宅在家，三餐也不馬虎，並且上視訊課程、讀書、寫作、追劇。不時瞄一下LINE群組的訊息，但不跟著起舞。常與親友在線上語音聊天，以免忘了如何發音。每天清晨，趁著人少時，戴著口罩外出散步，維持肌力。

你形容自己是「時間富足、經濟穩定、健康平安、遠離憂鬱」，時時感恩並惜福。

雖然安然無事地度過疫情風暴，但也深刻覺悟到可能此生都會與病毒的變種共存。

而且七十五歲到九十五歲這段像是坎坷不平的上坡路，愈走愈吃力——尤其是身體各個器官接二連三地出狀況，不是老舊而不堪使用或血管淤塞，就是細胞不受控制地亂增生，更別說隨時突如其來的不知名病毒。

你很慶幸，自己在七十五歲時就完成部署。

生活規律，不亂花錢，不特意追尋養生之道。無病痛時，多活動；短程能走路就不坐車；有親友邀約，就快樂出遊。

趁著身體還硬朗，禁得起必要手術的挑戰，勇敢地「進廠維修」一番。例如白內障該開就開，讓雙眼大放光明；頸椎的椎間盤突出和腰椎滑脫這兩場大手術也順利完成，行動恢復自如，讓之後的上坡路可以走得輕鬆點。

珍愛自己保有的能力

最棒的是，你真正懂得珍愛自己目前保有的能力，沒有一直抱怨：「我以前可以，現在怎麼就不行了？」

有病時，不仰天長嘆，哀聲自問「為什麼是我？」，而是趕快就醫。

即使植了牙但牙口仍不好，還會欣慰地說：「幸好，我年輕時吃了許多堅果、花生，現在不能吃也不覺得遺憾，而且還是可以買到Q軟的水煮花生或花生豆花呢！」

每個年齡層的身心狀況都不同

你的生命觀是：每個年齡層的身心狀況都不同，需盡情發揮，好好享受，不留遺憾，且將來可回味。

你常說，幸好自己在七十五歲前，就從父母的相繼往生，學到「失去」的藝術。接著長官、親人離世，老友凋零，晚輩展翅高飛，連你的醫師、美髮師、會計師、認識的餐廳老闆等人也逐一退休。生活圈裡的人，漸漸換成了新朋友，而久了，新朋友也會變成老朋友啊。

你在七十五歲時，已是善用３Ｃ產品的「銀髮達人」，靈活地運用電腦、手機操作各種軟體，拍照、上網、網購、寫文章、經營部落格，還開設Podcast節目，從錄音、轉場音樂到剪輯一手包辦。對你來說，科技是日常，軟體常更新。

今日你在網路上接觸的人如果沒看到你的外貌，不會知道這是一位年逾九旬的長者；看到了，莫不對你的上網能力刮目相看，讓你享受被稱讚的快樂。

當然，這些都是在你還年輕時，尤其是中年時期日積月累的生命力、學習力與韌性的成果，就好比金錢投資的複利一樣。

相信再過十年，一百零五歲的你，也會感激現在九十五歲的自己的努力。

目錄

目錄

四、正面心態是強大保護傘

五、愈認識疾病，愈不害怕它

目錄

一、獨立，卻不孤獨

做好八個準備，快樂的獨老

好友的先生嚴重失智，且偶爾出現暴力與妄想等精神行為，她和外籍看護都照顧得筋疲力竭，只好把先生送入長照機構，但暫時還保留著外籍看護。

問她為何不省下這份薪水，她說，一方面是期盼先生的精神行為消失後，也許可以帶回家照顧。另一方面是七十二歲的她和先生結婚四十四年，從未分開，沒有單獨一個人住過，而孩子又定居國外，她目前心情焦慮，更是害怕獨居，需要有人陪伴，慢慢進行心理調適。

怪不得有次參加國外旅遊團時，由於原定的室友臨時有事不能同行，我落單了，主辦人不是關心我得多付房間費，而是擔心：「你敢一個人住？」原來不敢獨居的人並不在少數啊。

不管是自願或情勢使然，每個人都有可能會獨居，尤其是老伴先走一步、兒女又不在身邊的大有人在。內政部公布的二〇二二年台灣平均壽命，男性七十六・六三歲、女性八十三・二八歲，因此**同齡夫妻的妻子有可能老後需獨居將近七年，得有心理準備。**

內政部「不動產資訊平台」發布二〇二二年第二季全台的住宅資訊統計，只有老人（六十五歲以上）居住的居住宅數有六十八萬，其中高達五十一・七九萬戶僅有一名老人獨居，許多媒體在報導時，稱之為「孤老宅」。

但，**老不見得孤獨，一人獨居也不見得孤寂、落寞。獨居老人也可以活得自在又充實。**

一個人的晚霞也很美麗

記得我六歲左右，一向疼愛我們的外祖母往生了。老家大廳裡，墊高的門扇板上躺著外祖母的遺體，面色祥和，旁邊點著香。我跟著母親靜靜地繞著外祖母走一圈。這是我對往生者的初次印象：安靜、平和、自然，而且人老了，有一天都會這樣。

看著走在前面的母親身影，想到有一天，她也會和外祖母一樣，離我而去，我不能一輩子靠父母啊！

能幹的母親每天料理三餐，並幫忙父親招呼米店的生意，整天忙得團團轉。我決定不跟母親一樣，而是要有一技之長，養活自己。正好我喜歡念書，也不怕考試，如願考上醫學院，順利當了醫師。

因為自覺無法事業、家庭兼顧，且個性獨立、喜愛自由，不受羈絆，於是選擇單身，一人吃飽便全家吃飽。而且要吃什麼、要買什麼、想在哪裡定居、選擇什麼專業，甚至房間要怎麼亂……都不用徵求另一半的同意，也不需考慮兒女的學區，更沒有婆媳問題。

享受著一個人自由自在的我，如今成了獨居老人。既然沒有養兒育女，老了也不冀望有人照顧，**心境得自我調適，並且把快樂的老後生活安排好，將來才能走得瀟灑。**

一、經濟不求人

「不必伸手向人要錢」是快樂獨居的基本條件。所以年輕時，要努力工作存錢。年老時，理財則以保守為宜，慎防詐騙，以免損失錢財。

退休後，雖然收入大幅減少，但應酬也少了，不執迷於名牌衣飾，而是學著把以前的套裝和現在的休閒服飾搭配，自成風格。加上食量減少，因此花費也相對降低。

然而，醫藥費——尤其是照顧費用可能會增加。以前曾聽長輩戲稱「最可靠的兒子是錢兒子」，不無道理。

二、無病健身

年紀漸增，器官無可避免地會慢慢退化，因此維持健康的生活習慣就很重要。有些人會去運動中心上伸展、復能、瑜伽、重訓課程或游泳等，但其實**每天走路就有效果**。

若是短距離，能走路，我就不坐車。每天外出覓食、到市場買水果、上銀行辦業務，或是走到捷運站、公車站等，無形中就走了不少路。傍晚時分，如果發現手腕上的記步器還不到八千步，我就會到附近的公園把步數補足，常常超過一萬步。

三、有病就醫

每個年齡層所可能罹患的疾病不同。和七十歲左右的朋友們聊天，幾乎一半的時間都在談自身的病痛以及看病經驗，並互相推薦醫師。

高齡者最擔心癌症與失智症，尤其是退化性的阿茲海默症。雖然不能完全避免，但「健康的生活習慣」仍是最好的預防方法，其中，多動腦、多運動、多活動、人際互動、睡眠充足、遠離空汙以及治療三高等，都是預防阿茲海默症的好方法。

時代進步，許多癌症都可以控制、甚至治癒，所以**出現症狀時，不要自我揣測，而是要就醫，才能及早發現並治療。**

老了，進出醫院是常事，就如同年輕時進出超商一樣。感謝台灣就醫方便，宜心存「幸好老了以後才常進出醫院」，而不是怨嘆「怎麼老了，都在生病」。

四、朋友很重要

隨著年紀漸長，父母離去，兄弟姊妹與我們偕老，或者可能更老，這時，「朋友」就很重要，必要時可以陪你去醫院看病，手術之後，幫你更換藥等。

合得來的朋友要抓住不放，但又不能抓得太緊，要給彼此留點空間。當然，自己也要適時地回饋。

之前曾加入的團體，不要退出。另外，如讀書會、KTV課或高爾夫球隊等，都是很好的固定活動，讓人有歸屬感。

忙碌於工作時，可能疏於和老友、老同學來往，退休後就可常聯繫，同年齡層又相知，一起用餐、聊天或旅遊，非常放鬆。

然而，年紀大了，難免「不是參加同學會，就是參加同學的告別式」，因此還是要結交新朋友——**最好是比自己年輕的朋友，才能帶來新觀念、新視野**。

新朋友從哪裡來？可以是朋友的朋友，或是參加某些活動或課程時認識的。而且，當朋友邀約吃喝玩樂時，除非真的有事，不要拒絕，否則人家下次就不找你了。

五、可以同樂，也喜歡獨處

過年前，我專心寫兩個專欄的文章並如期交稿，再趕出一份演講簡報，終於鬆了一口氣，可以騰出一天來吃喝玩樂。看到許多群組都在追逐變紅的落羽松，於是在兩個LINE小群組上拋出訊息，徵求同行者，結果大家都另有安排。雖然有些失望，但不覺意外，也不減興致，而是一個人搭捷運到台北市大湖公園，在斜風細雨中，欣賞紅通通的落羽松，感受一下氣氛，也很愜意。

除夕，我一向不想打擾親友，照常會到餐廳買蝦仁蛋炒飯、蒸餃和一道青菜，加上好友滷好且切片的美味牛肉與豆干，飯後一杯濾掛咖啡，搭配水果、甜點和零食，好滿足，而且同時觀看電視節目或追劇也很享受。

其實，獨處最大的好處是可以專心閱讀和寫作。閱讀資源來自大量書本、網路貼文、線上醫學期刊論文或線上課程等。因此，「筆電」和「智慧型手機」是兩大利器，有如「秀才不出門，能知天下事」，如能靈活應用，**隨時學習新軟體、新功能，簡直就是以科技養老，與人互動，並和世界接軌。**

六、維持原有嗜好，並培養新的興趣

剛退休時，除了保持原有的閱讀、寫作（如專欄、臉書粉專的文章），還參加國、台語和英文KTV班，並在社區大學報名了不少課程，不斷地嘗試。目前最喜歡的是「走入山林」和「樂齡郊遊趣」的課程，年輕的老師帶領二十位大多是熟齡族的同學走郊山，如北部的軍艦岩、草嶺古道和霞喀羅古道等。

七、照顧好自己，遠離意外

畢竟是獨居，一切要自己負責且小心意外，所以動作要慢，不要搶快。例如捷運車廂的鈴聲一響，是提醒「年長者要止步」，而不是快快踏入車廂，以免跌倒。

而且「一次只專心做一件事情」，才不會掛一漏萬，時而懷疑自己得了失智症。

重要親友的手機電話號碼，不僅要輸入手機，且要隨身攜帶，以免手機遺失或忘了帶時，不知如何聯絡。並且切記放一份家中鑰匙給親友，以備不時之需。

有位獨居的銀髮族朋友「超前部署」，除了居家安全措施齊備，並向長照單位申請且經過評估後，**在床頭小桌裝置了「緊急通報機器」和隨身按鈕**。一旦有緊急狀況時，按下按鈕，二十四小時的服務中心就能協助通知緊急聯絡人或救護車等，趕來救助。

另一位八十歲的獨居銀髮朋友，兒子不同住，但替她在她的住處裝了影像監控系統，而且送她一個**具有「跌倒偵測」且能傳送通知的「蘋果手錶」**（Apple Watch），真貼心。

八、心態決定一切

成家有甜蜜、責任與分擔，單身有孤獨、自由與自己負責，這無關得失，而是一種取捨。

但不管如何，利用現有的資源，做最好的安排，享受目前的狀況。就像落日前的彩霞滿天，不論是一個人感受或全家一起欣賞，都是同樣美麗。

經濟不求人，老得有尊嚴

一向以為自己老有所備，因為個性獨立、生活簡單，靠著退休金，老後生活應無虞。但隨著年齡增長，看看發生在身邊親友的現況，就不敢斷言了。

醫療的自費與照護費用，也需儲備

例如一位八十六歲的失智好友，因急性膽囊炎住院十四天，在醫院裡請了二十四小時看護，每天兩千八百元——兩個星期下來，就花了近四萬元。隨著她年紀愈大，因生病或住院而需請人看護的機率也會愈來愈高。

十多年前，我九十多歲的母親罹患失智症，在家裡由兄嫂和看護照顧，每個月的看護費高達六萬元。感謝雙親辛勤經營米店六十年，有足夠的積蓄可以支付。

有位七十五歲的好友因腎癌轉移，而需定期接受標靶與免疫療法。免疫療法要自費，一年來，已花費一百五十萬元。

戰後嬰兒潮的這一代逐漸步入老年，即使沒有罹患重病，隨之而來的視茫茫、齒牙動搖，早晚有機會動白內障手術或植牙。植牙需自費。白內障手術雖有健保給付，但如要採用較精準的飛秒雷射手術則需自費，開一隻眼睛約七萬五千元。

台灣醫療進步、就醫方便，又有健保給付，但需針對疾病的適應症（如仿單所列）做合理的分配，不能無限制地使用最先進的醫療資源，因此免不了有些療程需自費。不過人總難免想要最好、最先進的治療，因而花在自費醫療的費用愈來愈高，例如頸椎、腰椎的微創手術與某些椎間盤植入手術。

曾經有位朋友拍拍自己的頸椎、腰椎，再張開嘴巴，眨眨眼睛說：「光是我身上的裝備就已是百萬身價了！」

怕錢不夠，老後如何因應？

一般人估算需要存多少錢才能財富自由地退休時，大都只考慮退休後想要的生活水準，以及將來的餘命（男性七十六．六三歲，女性八十三．二八歲）所需，而沒考慮到**「醫療的自費與照護費用」**。那麼該怎麼辦呢？

小時候，父母教我們要節儉、省錢，並且長大後要努力賺錢及儲蓄。但儲蓄只是理財的初階。若學校能開設投資理財的通識課程，使我們進入職場時，就懂得理性理財，而退休後選擇風險小、且有合理報酬的投資，便能在退休金與儲蓄之外，增加一筆「被動收入」。

如果無法增加被動收入，至少不要貪圖高報酬率或受到詐騙，導致血本無歸。

一般人退休後，收入大幅減少，但支出也相對減少，比如少了應酬。所以何不衣飾簡單、舒適，不追求名牌，甚至可以將舊衣服重新搭配，穿出個人品味。保養品與化妝品，選擇網購或在藥妝店購買等等。加上年紀大、代謝慢，食欲降低了，吃得也少……這些都是簡單又可行的省錢方式。

還有一個小撇步，那就是**維持健康的生活型態以預防疾病，或是症狀輕微時即就醫，避免變成重症**。

例如癌症若早期發現，就有機會治癒，不至於轉移或演變成重症，而需自費醫療或請人照顧。

美國「食品藥物管理局」於二〇二三年七月六日核准了新藥「侖卡奈單抗」（Lecanemab），以減緩輕度阿茲海默症與輕度認知障礙者約27%的認知功能減退，但一年的藥費高達兩萬六千五百美元，約台幣八十二萬元。如果我們平時就能多動腦、多運動、多人際互動、睡眠充足等，以增加認知存款，降低失智的機率，那不就是省下一大筆錢了嗎？

現代銀髮族，超乎你的想像

一頭銀髮的我，有次應邀到電視台錄影，經過美容師的巧妝，自覺年輕不少。可是回到家，和來幫我安裝新事務機的陳先生一碰面，他卻輕聲問：「你今年有八十歲了嗎？」

果然，再美的裝扮也抵擋不住歲月，而且一般人總覺得別人看起來比較老，他只是實話實說罷了。我不以為意，笑說：「我的年紀，比我的外表以及你所想的還要年輕。」

接著他發現我獨居，又問：「你沒有請人照顧你嗎？」

我一愣，反問：「你看我有哪裡需要人照顧嗎？」

陳先生無言，開始安裝，把列印、掃描、傳真和複印功能，與我的電腦、手機以無線網路連接。

看著我熟稔地操作電腦與使用手機，他連連讚嘆我好能幹。我則頻頻回答：「這很平常啊。」

過上成功的老年

剛好，最近讀了二〇二〇年七月美國《老年學期刊》（*The Journal of Gerontology: Series B*）的一篇論文，回顧七十五年來，社會對老年看法的演變。

從一九四六年發表在創刊號的一篇論文開始，那個年代稱「老年是人類社會的問題」。西方國家認為老人生產力低、體弱多病，需要人照顧，是社會的負擔。亞洲國家雖然敬老，認為老人是智慧與經驗的寶庫，但隨著工業崛起、生活步調加快、知識取得容易，老人也不如以前受到重視。

一九六九年，甚至出現「老年歧視」（ageism）的名詞，更是給老人貼上負面標籤，讓人恐懼變老。

但隨著醫藥與公共衛生進步、生活環境改善與壽命提升，一九七四年，有學者發現七十五歲前的「年輕老人」（young-old）仍健康、有活力。一九九七年，更提倡「成功的老年」，鼓勵老年人維持身體、心智、心理和社交功能，年老而不衰老，即使有慢性病也不失能、失智。

這篇論文讓我覺得與陳先生互動的一個多小時內，他對我的老年印象彷彿穿越了時空七十五年，從一開始只見我外表的老化，到最後對我的上網能力稱讚有加。

使用3C產品，是活力老年的指標之一

現今，使用3C產品如電腦、平板和手機等，是活力老年的指標之一。透過網際網路，能知天下事、學習新知、管理財務、處理文書、傳遞相片、觀看影片，以及與不同的社群交流等等，尤其是與遠方的兒女、孫輩

以視訊交談，擴大了年長者的生活圈。

一篇來自亞洲大學、發表於二〇一七年《健康照顧傳播期刊》（*Journal of Healthcare Communications*）的論文，在二〇一三年對台灣二十二個鄉市、五十歲以上的居民抽樣，並以電話調查，發現在七千一百五十七位受訪者中，有43%使用網路，且與年齡、性別、職業、收入和教育程度等相關。其中，六十五歲以上的受訪者（兩千五百二十五位）中有18%、七十歲以上的受訪者（一千七百九十位）有15%使用網路。

戰後嬰兒潮（一九四六～一九六四年出生）的前半段人口已踏入老年，這個年齡層普遍受教育、生產力高，大都跟得上科技進展。在捷運上看到許多老人不停地滑手機，就知道上網的老人愈來愈多。

相信不少跟上時代的老人聽到「apple」時，除了想到香脆、好吃的蘋果，一定知道它也是個電腦廠牌。

可見，現代銀髮族已經超乎你的想像了。

你們有「Apple Pay」嗎？

某日到一家連鎖商店買一袋橘子，結帳時，我問：「你們有Apple Pay嗎？」收銀台後方冒出一個帶點驚訝的表情並點頭。我把手機上的載具讓她「嗶」一下，輸入雲端發票，再按手機兩下，快速掃描臉部後，把手機靠近櫃檯的感應器，「嗶」的一聲，交易完成。

她說：「像你這種年齡還能這樣，真厲害！」

我笑笑：「我並沒有很老啊。」

但她還是很堅持：「人生七十才開始嘛！」

手機在握，彈指搞定

自從開始用手機支付後，欣賞收銀員這種驚訝、讚嘆的眼神，變成我的日常。

手機在握，不僅能進行電話往來、訊息聯絡、相片轉傳、視訊會議、線上課程，連金錢進出都在彈指之間搞定，甚至買個飯糰也可用LINE Pay掃QR Code付款。

朋友聚餐時，通常是一人刷卡付費，大家再均分，但給錢時的紙鈔、硬幣來回，嘈雜熱鬧，難免破壞氣氛。於是一位銀髮族開始使用LINE Pay，大家一個教一個。如今用完餐，不用起身，手指一點，錢立刻轉入對方帳戶，安靜、優雅且不著痕跡。

人老了，雖然心智仍敏銳，但打開錢包、掏鈔票、數零錢的動作卻逐漸遲緩，有時難免瞥見收銀員努力克制著不耐煩，或是感受到後面排隊者的焦躁。此時拿出手機「嗶」兩下，大家都輕鬆。

簡單學習，讓科技成為幫手

很多人擔心線上付費容易被盜用。但我覺得這好比過馬路，即便遵守紅綠燈，小心謹慎，也可能遇到酒駕或車子暴衝的意外，因此我享受科技的便捷，也願意承受可能的極小風險。

再說，也許有一天，出門只需要帶手機和鑰匙，不能不及早因應啊。

我是容顏不再、動作漸緩，但腦細胞依然活躍的銀髮族。

我喜歡透過簡單的學習，讓科技成為幫手，猶如生活上的手杖，活得輕鬆、簡約又帥氣。

我還有什麼才能欠栽培？

週末時，好友請我到她家晚餐。八位同席者中，有位年約六十的男士是初識，聽我提到整個週末都在上視訊課程時，他看著滿頭銀髮的我，脫口而出：「你都這麼老了，還在上視訊課啊！」

現場爆出笑聲，我趕緊展現出最優雅的一面回應：**「能活到老是一種福報，而且活到老、學到老啊！」**

席間有人想找一位專治癲癇的專家，我推薦一位醫師，並說：「他很老了，應該有七十七歲了吧，但很有經驗。」說完才想到這位醫師也只不過稍長我幾歲，可見我也常常看人家很老，卻忘了自己也是個名副其實的老人。

幸好，我並不覺得身體衰老、孱弱或跟不上時代，反而有種無拘無束、不輕易受旁人影響的自由自在。相信很多「老人」都和我有同感吧。

有幸能提早退休，我心懷感恩

十六年前當我從臺北榮總退休時，曾有位醫師長官說：「給她一個月的時間，保證她會無聊到要求回來上班的。」

我在心裡嘀咕著：「是嗎？」

當然，能夠如此心無懸念地在五十九歲退休，要感恩父母給了一副禁得起操練的好身體，我才能在年輕時不眠不休地行醫；加上從小受嚴格管教，禁得起挫折，也建立起信心。

行醫三十四年，歷經師長教導、貴人提拔，同儕互相扶持、激勵與競爭，以及病人的生命教學，儘管步調緊湊、忙碌勞累，但只要為病人治療成功，就有成就感。

也因為在病房和診間看多了生老病死，深感生命的可貴、脆弱與不可預料，於是在經濟穩定、個性獨立的前提下，快樂地提早退休，覺得手上捧著黃金歲月，有大把的時間任我運用、調配，感恩滿滿。

把學習新知識當成興趣

就像小時候的志願「長大了要做什麼」，我的退休也是有抱負的：除了要把時間留給自己，好好看看醫療外的大千世界，感受世間的美好，主要是要作為醫病溝通的橋梁，於是每個月繼續在報章雜誌撰寫專欄，角色在醫師、患者與家屬之間遊走。

為了尋找題材，培養靈感，一直睜大眼睛、豎起耳朵，觀察身邊、路上、捷運車廂或醫院裡有什麼可以書寫的。甚至問朋友：「你有什麼醫學問題要問我嗎？」

有時，朋友無意中的一句話觸動了我的文思，便立刻抓住他說：「你剛剛說的那句話很好，再重複一遍給我聽。」

有位朋友開玩笑地警告大家：「講話要小心喔，不曉得什麼時候就被秀枝寫入文章了。」是啊，不少親友的病痛或感言都成了我筆下的小故事，但名字，年齡、性別和內容會稍加變動。

另一個方法是參加每週一個小時的病例討論會，聽住院醫師報告特殊病例與最新的醫學文獻。

醫學進步日新月異，尤其是各種分子生物標記與基因檢測不斷推陳出新，臨床與基礎醫學不停交織，我得專注聆聽才能跟得上。

真佩服現在的年輕醫師，除了照顧病人、學習醫學新知，還善於表達，簡報與影音製作都令人激賞，不僅豐富了我的寫作來源，也讓我感到慶幸：還好我退休了，學習新知是興趣，而非工作上的必要。

我一向喜歡讀不同類型的書籍，尤其是上網閱讀各種醫學期刊。

以前上班時間緊迫，只能選擇重點，快速閱讀。現在則打開電腦，盡情瀏覽，而且從一個題目，衍生出一個接一個的問題，趣味橫生，既滿足我的求知欲與好奇心，也是我專欄內容的來源之一。往往一頭栽進去，不知不覺就是好幾個小時。因此常覺得時間不夠用，晚上捨不得上床睡覺，早上鬧鐘一響，立刻起床打開電腦，繼續閱讀。

多方嘗試後，找到真正喜愛的課程

剛退休時，猜想自己可能有什麼才能欠栽培，於是在社區大學和其他學習團體報名許多課程，如電腦、繪畫、樂器等等。

後來終於認清自己真的沒有什麼才能被埋沒，無可嗟嘆，於是精簡成真正喜愛的課程：寫作、中英文ＫＴＶ、走入山林和樂齡郊遊趣，也就夠忙了。

參加課程，除了學習、娛樂、健身和擴大視野，更可結交新朋友。朋友合則來；若不合，也不用試著去改變人家。

有些人在退休後，才發現自己只有同事，沒有朋友。當年紀漸長，老伴也老了、孩子離巢或為事業打拚，甚或自己獨居——此時，朋友圈就非常重要。

我很幸運，有最內圈的幾位閨密，無話不談，還會陪我到醫院看病。也很感恩有經常來往、志同道合的不同朋友群，如品嘗美食、出國旅行、遊山玩水、健行踏青、打高爾夫球等，因而有不同的LINE群組。我的原則是只要我有空，有興趣的活動一定參加，才不會被除名。

現在還是有人會問：「你退休後，會不會很無聊？」

我總結分享：**生活有目標，保持好奇心和求知欲，持續運動，可以獨處及獨行，也可以與朋友們開心同樂，感恩地過好每一天，充實得很呢！**

此刻就是最好的時刻

最近接連有兩位同事屆齡退休，回想起我當年擔任科主任時，兩位都還是住院醫師，這才猛然警覺到自己已退休十六年，剛好是從小學到大學的教育年數。

我不禁思索：在這漫長又覺得像轉眼而過的十六年「社會大學」中，除了持續寫兩個專欄文章，希望作為醫病溝通的橋梁之外，七十五歲的我還學到了什麼？

一、順應老化，珍惜目前的身心狀況

我覺得「七十歲」是個分水嶺。

六十～七十歲雖然年歲稍長，但並不覺得心智與體力衰退，反而因退休或卸下責任，手上有大把時間而過得輕鬆且充實，如揪團旅遊、上各種成長課程和培養新興趣等。

過了七十歲，大小病痛逐漸出籠，甚至嚴重到必須放棄原本喜愛的活動。例如我們十五位成員的小高爾夫球隊，三十年來，有隊友往生，也有人因失智或其他疾病而不能再揮桿，疫情期間，球隊已處於休眠狀態。這讓我想到「人生七十才開始——生病」，也領悟到以後的日子，身體可能會不斷地出現狀況。

因此，**「現在就是最好的時刻，有想做的事就不要遲疑。」**有親友邀約聚餐或旅遊，只要時間許可就參加，但難度高的攀山涉水活動則需斟酌。如想獨處看書、寫作、散步或追劇，也很好。

七十歲之前，以開發新興趣、新潛能為主。

七十歲以後，則致力於保持體能、集中精力，發揮自己原有的強項與興趣，成就自我。

二、結交年輕朋友，替生活注入活水

年過七十，雙親可能往生，手足也同老，兒女則為事業打拚或是有自己的生活。同溫層的老友雖然是個舒適圈，但也不要忘了結交新朋友，才不會與社會脫軌。

例如同是高爾夫球隊，另一個四十四位成員的球隊，雖然時有隊友退出，但也有年輕人加入，增添活力。又如我參與多年的一個女性成長團體，也不時有年輕社友加入，帶來新視野。當然，自己更不要輕易退出。

三、終身學習，以科技養老

腦有可塑性，用進廢退，就像重訓的訓練肌力，腦細胞也是愈用愈靈光。

因此，年過七十歲，**即使學得慢一點，但有的是時間**，只要有耐心，隨時可以透過電腦或手機上網，善用各種通訊軟體，如LINE、電郵、臉書或視訊等，和親朋好友們互動，並與世界接軌。

四、正面思考是最強的保護傘

一位八十歲的好友因第一期乳癌接受手術後服藥，接著出現乾眼症及膝蓋退化而疼痛。

她感嘆：「怎麼老了才在生病！」

我鼓勵她：**「幸好是活到老才開始生病。」**

與畢業已六十二年的十二位小學同班同學聚餐時，大家輪流發表感言。大多數的人都有些病痛。其中有一位同學兩側大腿骨折，歷經手術及一年多的復健，而能慢慢地走來聚餐。她說：「沒有臥床餘生，很感恩。」

從我們這群同學身上可知，基因、環境與機遇的影響顯而易見。例如有一位聲如洪鐘，中氣十足，沒有任何疾病，住員林的她每天健走藤山步道。還有一位動作靈活，外貌年輕，看似是我們的晚輩。

但不管是當家庭主婦、努力拉拔兒孫長大，或是做上班族，還是事業有成，如今都滿足、感恩，覺得自己好命，甚至會幽默自嘲。大家一致的志願是：**做個獨立自主、感恩、自在的有趣老人。**

你也想「獨立自主」到老？

曾經以為很遙遠，但轉眼間，我就從小女孩變成今日的退休銀髮族了。以前覺得父母、師長思想老舊，在現代年輕人眼中的我也應如是吧？

把「獨立自主」當作老年的志業

日前，定居美國的大學同學淑玲回台探望獨居的父親。我倆約在西餐廳敘舊，都點了鱈魚套餐。

香煎鱈魚肉質軟且香，但因眼前還有沙拉吧、熱湯、麵包等，我們決定共享一份鱈魚主菜就好，把另一份打包，讓淑玲帶回去給父親享用。

淑玲對工作人員說：「請包裝得漂亮點。」

見年輕妹妹面露難色，我趕緊幫忙解釋：「她是要帶回去給父親吃。」

看著白髮蒼蒼的我們，妹妹睜大眼睛問：「你父親幾歲了？」

「九十七歲。」

不知年輕人是被嚇到還是被感動，立刻很慎重地將那份鱒魚端去打包。

她可能很難想像，我們也曾經年輕過、或甚至是個嬰兒，而淑玲的父親也不是生來就九十七歲喔。

即使九十七歲，身為退休醫師的老先生依然活躍得很：每天一早，走到鄰近住家的全聯買報紙；中午到商店街買便當，並常到附近的書店逛逛，有時去銀行辦事，在家則看報紙、電視，並有老友每星期來與他下棋。

他胃口好、睡眠佳、聲音宏亮、精神飽滿，把「獨立自主」當作是老年的志業。

老了，並沒有那麼可怕

最近讀了一篇來自加州大學爾灣分校，發表於二〇二二年《老化神經生物學》（*Neurobiology of Aging*）的病例報告。一位九十六歲的老先生有高血壓、心律不整、皮膚癌、攝護腺癌且轉移，都有接受治療並控制病情。他的「認知功能測試」直到去世的四個月前都正常，只是行動稍慢而已。而在他去世後的大腦解剖，竟然有中等程度的阿茲海默症與其他退化性失智症的腦病變。

為何他的大腦有如此明顯的病變，但臨床上卻沒有失智症狀？

文章的作者歸功於老先生的教育程度高，且一直維持活躍的智能與體能活動。例如他當志工、學習語言，自己開車到九十四歲，之後搭公共交通工具；天天運動；常參加巴士旅遊，直至九十五歲；每天走路、閱讀、做家事、管理投資，直到九十六歲因心肺衰竭去世。

也許，**老了並沒有那麼可怕。即使身體有病，甚至大腦有病變，但持續從事體能與智能活動，依舊能享受活躍的老年。**

維持活躍生活，慢性病上身也不怕

老，還有其他好處。例如有位九十多歲的長輩，罹患硬腦膜下腔出血。但因他的大腦萎縮，而有足夠的空間可容納血水，讓大腦免於被壓迫，因而未造成神經損傷，沒有出現症狀，所以不急著動手術，後來血水也自行吸收了。

我們的健康受基因、環境、醫療、機遇、生活型態與心態等因素所影響，其中，能夠自己掌握的雖然只有「健康的生活習慣」與「正面心態」，但卻可充分發揮——即是維持活躍的生活，不僅從事體能（但量力而為）、心智與社群活動，且持之以恆，並養成正面思考的習慣，凡事往好處看。

那麼，人生過了七旬，就算慢性病上身，也能做到像淑玲的父親般，達到「獨立自主」的老年志願了。

再說，年紀大了，代謝變慢、食量變小，或許十年後，淑玲和我再來這家餐廳時，一份鱈魚都只能吃一半，另一半打包當自己的下一餐，好省錢喔！

與友共遊，獨居而不孤獨

不久前在一個社區演講，提到銀髮族要做到「獨居而不孤獨」，其中一個方法是要與朋友們互動，一起健行、旅遊、聚餐、聊天，互通有無等，以期「年老而不衰老」。

一位熟齡男士提問：「銀髮族要如何結識朋友？」

大哉問，我試著回答：「我們每個階段都有不同的朋友，但可能因忙於家庭、事業而沒繼續來往，在退休後可以聯絡，尤其是小學、中學或大學的朋友最可靠。也可以參加社區大學課程、熟齡團體、宗教活動或參團旅遊，都可能遇到熱心、友善的同伴。**只要認識一位合得來的朋友，經過牽引介紹，就可以擴展朋友圈子。**」

例如我曾獨自參加一個到歐洲的旅遊團，結識了四位六十歲出頭的樂齡族，經由她們再認識其他朋友，就好像一串粽子，一個拉一個，組成了「幸福食堂」的十一人群組，年齡從六十歲~七十四歲不等。我們一起參加社區大學課程、不定期聚餐、郊遊等，而且是依個人的興趣與時間，隨興參與，不強求，沒壓力。

銀髮族的自助旅行，跟上時代，又有成就感

十二月中旬是旅遊的好季節，歲末的步調漸緩，心情跟著沉澱、放鬆，既感受到聖誕節的歡樂氣氛，又還沒到舊曆年全家團聚的忙碌熱鬧。這段期間，最適合銀髮族毫無牽掛地結伴同行。

「幸福食堂」群組裡的靈魂人物小瑪召集了八位成員，來一趟「鐵道環島五日自由行」。

大星負責策劃，與小瑪共同安排行程與旅遊定點，一路從台南市、高雄市、台東市到花蓮市，並訂旅館或民宿，上網搶買火車票，囊括高鐵、台鐵（莒光、自強、太魯閣、普悠瑪號和區間車），而且都是半價的敬老票。

除了最後一天在花蓮雇用開九人座休旅車的司機，遊太魯閣和七星潭等景點，其他大都是靠著雙腿，每天走路超過一萬步，去平常旅行團不會去的地方，如當地小吃、特色餐飲和少為人知的步道等，既不趕時間也不累，悠閒、舒適又愉悅。

這趟愉快的環島鐵道行，主要歸功於**事先從網路做足功課**，**且有人帶領**，**並各司其職**。

這幾個定點大都是大星夫婦之前來過且喜歡的景點，於是他們擔當起導遊。一起出遊，總要有人負責財務這件麻煩事，我們的方法是大家先繳交一筆錢給小娟，由她付全部餐費等雜支。小沈和小金隨時以手機拍照，捕捉大家的身影。而沒有被賦予責任的我，只要快樂地跟隨和盡情享受就好了。

最重要的是，**大家都由衷地感激夥伴們的同行與付出，不亂出主意或抱怨。**

每個人的步調不同，也並不一定要行動一致，只要在關鍵時刻——如搭車和用餐時——準時出現就好。但大家都不約而同地提前五分鐘現身於集合地點，有默契地守時，讓旅行更加完美。

一群銀髮族拉著簡單的隨身行李，浩浩蕩蕩地過紅綠燈，是馬路上很壯觀的風景。

清晨到台南市的水萍塭公園，談天嘻笑，擺各種姿勢拍照，跟著公園裡的運動團體擺動、伸展肢體，這都是與家人或子孫輩同遊時，完全不同的樂趣。

更重要的是能像年輕人一樣地搭公共交通工具自助旅行，隨時隨地上網找尋資料，很有成就感，自覺跟上了時代。

敞開心胸，迎接新友誼

當然，朋友交往合得來則長長久久，如果興趣不同或時間不允許，也不強求，自然會逐漸淡出，但並非絕交。

人生的道路既寬且長，只要敞開心胸，一句善意寒暄的話，很可能就是新的友誼的開始。

年齡就是本錢

好友提議開車去兜風。我們從台北開到淡水，沿著北海岸到金山，轉入陽明山，繞了一大圈。風景秀麗，海闊天空，讓人心情大好。

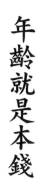

好友說：「以前看七十歲的長輩，總覺得他們好老。想想，自己現在也七十歲了，卻能這樣瀟灑、自主地過日子，比起年輕時的工作繁忙和勞累，現在的體力、精神好像也不遜於當年呢。」

年長幾歲的我也深有同感。我們雖然是旁人眼中的老太太，也有些慢性病，**但活力依舊十足，心智仍然敏銳，且好奇心不減**，希望這種豐實歲月能長長久久。

並不是活到一百歲都會失智

年輕時參加美國神經學年會，聆聽一位年長神經科醫師的退休生涯規劃，其中之一是「加入老年研究，作為被追蹤的對象」。他幽默的用語引發會場一片笑聲。

的確，醫師退休後的時間多了，且年齡就是本錢，以受試者身分參與老年研究，也是貢獻醫學。

由於衛生環境改善、生活水準提高以及醫藥進步，長壽在先進國家已是常態，問題是「如何健康地長壽」，也就是把疾病壓縮在生命的最後幾年。很多國家都有關於老年和百歲老人的長期追蹤研究，目的不外是找出健康長壽的因子，包括預防或延緩失智症的發生。

例如在一篇發表於二〇〇三年《老年學期刊》的「新英格蘭百歲老人

研究」（The New England Centenarian Study）論文中，平均一〇二歲的四百二十四位美國老人（男性一百零一位，女性三百二十三位）：

- 15%活到一百歲時，沒有任何與老化相關的十一種疾病（但不包括失智症），稱為「逃生者」（escapers）。
- 43%在八十~一百歲間出現疾病，稱為「延緩者」（delayers）。
- 42%在八十歲以前已有疾病，稱為「存活者」（survivors）。

可見把疾病壓縮、延後以達到健康的老年是可行的。這項研究還陸續招募百歲老人及其子孫並長期追蹤，以探討基因、家族史與行為等影響健康長壽的因素。

另一項來自荷蘭「百歲以上的老人研究」（The 100-plus Study），發表於二〇二一年《美國醫學會期刊網路開放版》（*JAMA Network Open*）的一篇論文。三百三十位（男性九十一位，女性兩百三十九位）具高中教育程度、且平均年齡高達一百零五歲的荷蘭老人，認知功能正常，其中一百八十七位還能獨立生活。

他們每年接受一次家訪評估，平均追蹤一．六年（零～四年），發現在追蹤期間，除了記憶稍微減退，其他認知功能都維持正常。其中，有四十四位在去世後做大腦解剖，發現大腦都有不等程度的阿茲海默症「類澱粉斑病變」。

經過統計分析，一個人大腦中類澱粉的沉積程度，和其認知功能並無相關。這表示，雖然年齡是阿茲海默症最主要的危險因子，但並不是活到一百歲都會失智，而且即使腦中有類澱粉斑病變，臨床上卻沒有出現失智症狀，是因為大腦貯存了足夠的「認知存款」而保有韌性。

活力十足，心智敏銳，好奇不減

因此，我與好友互勉：只要保持健康的生活型態，持續貯存認知存款，雖然不一定活到百歲，但至少可以繼續享受活躍的老年生活，還有老伴或老友同行，才會活得歡喜而自在。

一個人不孤單

八十歲的陳先生與家人同住，高血壓和冠狀動脈疾病以藥物控制得宜，生活起居自理，且常出外走走。

新冠疫情警戒期間，近四個月的時間，陳先生幾乎都宅在家看電視，而電視都在報導「疫情緊張，出門可能有與確診者接觸的風險」，並強調去世者多為有慢性病的長者，讓他不敢外出。家人也提高警覺，他就連偶然想去附近的超商買份報紙，都被兒子禁止。

兒子幫他訂了報紙，但居家警戒到最後，他連報紙、電視都不看了，時常覺得胃口差、睡不好、呼吸不順、排便不暢。本來擔心活太久，錢會不夠用，現在自覺來日無多，情緒低落又時而激動。

兒子帶他到醫院就診，醫師讓他服用藥物以穩定情緒，加上疫情趨緩後，可以開始外出活動，情況才大為改善。

老年人不僅免疫力降低，易受新冠病毒感染，病情可能較嚴重，有些獨居老人還面臨生活資源匱乏、無法外出購物、就醫困難或不敢就醫等困境。陳先生幸運地有家人照顧，但家人都各自有工作，無暇陪伴。

可見保持社交距離、減少人與人的接觸，固然是預防病毒傳播的有效方法，但可能也是一把兩面刃，易造成老年人的焦慮、憂鬱。

年紀漸長，我們都需要練習「獨處」

人是群居的動物，自古以來以群居互相取暖、求生存。醫學研究顯示：**良好的社交關係，有助於提升免疫力、減少心血管疾病和失智症等疾病的**

風險，並能降低死亡率。

新冠病毒疫情肆虐全球期間，歐洲與中國有些城市封城，雖然阻斷了疫情傳播，但也讓人因社交隔離，而產生焦慮、憂鬱、恐懼、憤怒、不安等情緒，尤其是面對家人因罹患新冠肺炎（COVID-19，嚴重特殊傳染性肺炎）去世的悲痛。

相關的醫學論文發表如雨後春筍，例如二〇二一年八月《睡眠醫學》（*Sleep Medicine*）期刊的一篇論文中，在二〇二〇年五～八月期間，透過網路問卷，調查來自十三個國家、共兩萬兩千三百三十位、平均四十一歲的成年人，發現36％有失眠、25％有焦慮以及23％有憂鬱症狀。

台灣雖然沒有因疫情而封城，但是對社交距離有嚴格限制。在第三級警戒期間，所有的社交活動，包括旅遊、聚會、餐敘都停止，醫院探病與陪病也有人數限制。而老年人的社交圈子本來就比較小，更容易出現焦慮與憂鬱，陳先生就是個例子。

但是，也有人對於「獨處」適應得很好，他們的生活撇步可以參考：

一、乘機完成以前要做、而沒有時間做的事

如整理衣櫥，把衣服分類或清除。閱讀一直閒置的新書。開始寫作，題材和篇幅不拘。追劇，進入另一個時空境界。在家練歌，自我娛樂。嘗試新的烹飪食譜，以及培養新興趣等。

其中，我最喜歡閱讀，因為好比是在與作者對話，或感受小說人物的境遇與喜怒哀樂。

二、運動

持續運動，能保持體能並增進免疫力。可在家跟著網路影片做伸展操、練氣功或是簡單的舞步，在跑步機上跑步，或者到公園走步道，舒展身心。

三、充分運用3C、科技產品與社群軟體

例如視訊看診、上網預約施打疫苗、居家上班、視訊開會或上課、與沒

同住的家人或孫兒進行視訊或傳輸活動短片等。

尤其是LINE通訊軟體裡，各個群組的聊天、交換訊息等，讓人有歸屬感、不孤寂。但如果是不確定的訊息則不要轉傳，以免引起無謂的恐慌。

在家時間多了，其實也是年輕人教長輩如何使用智慧型手機與各種社群軟體最好的時機，有助於擴大老年人的生活圈。

新冠病毒不斷變異，難保不會有另一波影響，但無論是否會再面臨社交隔離的限制，年紀漸長，除了眾樂樂，也都需要學習可以獨處、而不覺孤寂的生活哲學。

二、我失智了嗎？

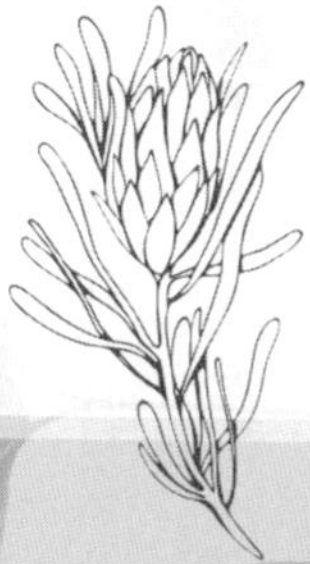

活躍的銀髮族，正在遠離失智

每當我看到郊山的步道上，許多銀髮族撐著登山杖健走；或社區大學的教室裡，銀髮族認真地學習外語、畫畫、唱歌、樂器和手機ＡＰＰ等課程，就很讚嘆這些活躍的銀髮族正在遠離失智。

阿茲海默症是大腦退化所造成，也是最常見的失智症，從「輕度的認知功能減退」到「重度的生活完全需人照顧」，病程可長達八～十二年，是多數銀髮族最不想得到的疾病。其臨床診斷需靠醫師判斷，包括心智功能評估和各種檢查。

確定診斷則要經由大腦解剖，顯現腦皮質有大量類澱粉斑塊的沉積與神經纖維纏結。

儲蓄「認知功能存款」，延緩失智發病

然而正如前文也提到，醫學文獻報導，有些長者的大腦有明顯的阿茲海默症病變，但生前並沒有失智症狀。這是怎麼回事？

最早是有名的美國「修女研究」。平均八十三歲的六百七十八位修女，每年接受認知功能評估。其中的四百九十八位修女去世後，接受腦部解剖，發現12％的修女大腦有中度的阿茲海默症病變，但生前並沒有失智。

後續其他學者的研究也有類似發現，例如加州大學爾灣分校的「The 90+ study」，對九十歲以上的高齡老人每半年追蹤一次。其中的一百零四位去世後，接受大腦解剖，發現10％的老人在生前沒有失智，但大腦已有阿茲海默症的病變。

自從阿茲海默症的大腦病變可以用「類澱粉正子掃描」或「tau蛋白正子掃描」將其顯現出來後，也支持此論點。

例如美國梅約診所的研究，對九百八十五位認知功能正常、年齡五十～八十九歲的居民，進行腦部的類澱粉正子掃描，發現約25％的年長者腦部有類澱粉斑塊沉積，而八十歲之後則有將近50％。也許將來追蹤多年之後，其中有些老年人可能會罹患阿茲海默症，但當下並沒有失智，呈現出認知功能與類澱粉斑塊的不相配（mismatch）。

雖然「年紀」是阿茲海默症的主要危險因子，隨著年齡的增加而罹患率增加，但並不表示一定會罹病。

而上述認知功能與大腦類澱粉斑塊的「不相配」，更顯示大腦是有韌性的，只要有足夠的認知功能存款，就能禁得起阿茲海默症病變的「提領」，而不出現症狀，或是會延長好多年之後才發病。

在阿茲海默症尚無法根治，而藥物療效又不彰的今天，**「有韌性的大腦」是預防阿茲海默症最好的方法，也是活躍老年族的願景。**

打造「有韌性的大腦」

那麼，如何打造一個有韌性的老年大腦呢？綜合近年有關認知功能與大腦類澱粉斑塊嚴重度的「不相配」的醫學文獻看來，先天的因素影響不大，也不是我們能左右的。比如與帶有第三型載脂基因（ApoE）相比，帶有載脂蛋白基因第二型，罹患阿茲海默症的機率較低；反之，帶有第四型者則罹患率較高。

後天的因素較重要，也是我們可以給力之處，包括：

一、**多動腦**：用進廢退，正如研究顯示某些韌性大腦的「海馬區」和「扣帶腦迴」的神經細胞變大，可能是因應老年退化的代償作用。「多動腦」是目前最有效的方法，包括從小受教育，而在成長過程中，不斷學習新知，如閱讀、寫作、學樂器、聽演講、上各種課程、看電影或表演、打牌、打麻將等，任何動腦的活動都有助益。

二、多活動、多運動：如走路、做家事、跳舞、打球、游泳或任何戶外活動等。

三、社交活動：與人互動，不僅能增加動腦與活動的機會，且能減少孤寂感與精神壓力，比較不會憂鬱。

四、充足的睡眠：近年來的研究發現，腦內的「類澱粉」與「tau蛋白」，主要在睡眠中會被清除。因此睡眠是必要的，不是浪費時間。

五、有慢性病就要好好治療：研究顯示，失智老人的大腦常不是只有阿茲海默症病變，還有其他的退化疾病，尤其是腦中風。腦中風會加重失智症狀，因此控制腦中風的危險因子（如高血壓、糖尿病和心律不整等）是非常重要的。

突然的失憶，我失智了嗎？

傍晚，朋友和六十六歲的先生買了一輛新車後，回家見到女兒，陳先生問：「你剛下班嗎？」

女兒說：「早就下班了。你們出門前，我還和你打過招呼呢！」而且，明明車子才剛買，陳先生竟然忘了車價，告訴他價錢後，他還一直重複問。

陳先生的失憶現象一直到第二天早上起床後才恢復正常，但是卻不記得前一晚發生的事，於是朋友帶他掛急診。做了腦部電腦斷層、抽血和心電圖等都正常，醫師告知陳先生沒有中風，並建議他掛神經內科門診。

朋友很擔心，問我：「我先生失憶是不是得了阿茲海默症？或是前兆？」

「失憶症」與「失智症」的差別

事實上，陳先生只有近期記憶缺損，這是「失憶症」，並非失智症。

「失智症」是除了漸進的記憶減退外，其他認知功能也會有障礙。阿茲海默症是最常見的失智症，因大腦退化所造成。雖然有藥物可以延緩病程，但目前無法根治。記憶等認知功能的減退，是在幾個月或幾年內慢慢發生，逐漸嚴重。不像陳先生的失憶是突然發生，而且朋友可以明確地指出事件的時間點。

阿茲海默症的家屬可能在某一天「突然」因一件事情，而發現或注意到患者的記性差，但仔細回想，一定有些蛛絲馬跡，其實記憶早就出現問題了。

暫時性全面失憶症

我判斷陳先生可能是「暫時性全面失憶症」（transient global amnesia），即突發性的近期記憶減退或完全無法記憶（也就是「順行性失憶」），甚至連幾天前的事情也忘記（即「逆行性失憶」）。

這通常會在幾個小時內恢復，且不超過二十四小時。只是患者對失憶這段期間毫無記憶，對於回復之後發生的事，則記憶如常。

一般認為，這是因為大腦後循環的血管收縮，而造成暫時性的腦缺血。但真正的原因不明，且需要排除腦中風（尤其是視丘、海馬區、顳葉等與記憶有關的腦區）或其他病變的可能。

一篇發表於二〇一九年《神經流行病學》期刊（*Neuroepidemiology*），來自台灣健保資料庫的八年病例對照研究發現，一百八十一位「暫時性全面失憶症者」罹患失智症的比率，為對照組（五百四十三位）的二・二三倍。但其他學者的研究並無增加失智症的風險，因此沒有定論。

「暫時性全面失憶症」的症狀令人印象深刻，只要看過一次就不會忘記。二十九年前，有位三十七歲女士一早醒來，忘了上班的路線，也不記得前兩天發生的事。被朋友送到急診室時，她一直問：「我為什麼在這裡？」她的失憶症在十個小時後恢復。我們在第六個小時，為她安排做腦部的單光子電腦斷層掃描，發現大腦後循環的兩側枕葉、左側顳葉與左視丘的血流明顯缺損，但在第二十八天的掃描則恢復正常。

由於這類病人來看診時，失憶症狀通常都已恢復，能夠及時在病症發作時，做詳細的神經心理測試與腦血流檢查非常難得，因此這個病例發表於一九九三年的《中風》（*Stroke*）期刊。

還是要尋求正規的醫療評估

除了暫時性全面失憶症外，「短暫的失憶」也可能發生於腦外傷、顳葉癲癇、酒後暫時失憶、視丘中風或服用某些安眠藥等。

因此，我告訴朋友：「陳先生的症狀不是阿茲海默症或前兆，但需要看神經科醫師以接受進一步的評估、診斷與治療。」

突然「忘了」，可能只是心不在焉

與好友參加新竹尖石鄉司馬庫斯的三天旅遊，每個民宿房間只提供一把鑰匙，我和室友因作息時間不同，鑰匙得遞來遞去。

第二天早上，二十位團友集合要去觀賞巨木群，鑰匙應該在我身上，但臨時卻遍尋不著，只好不鎖門。等我們來回走了十公里，回到餐廳吃披薩時，我手往背包裡一探，卻摸到了鑰匙，趕緊向室友道歉。

為什麼當初找不到？因為一心都在看日出、吃早餐和賞粉櫻，鑰匙隨手一擱，沒放在心上，而當急著要鎖門時，則愈急愈找不到。

第三天，我們因有事要先回台北，在高鐵售票處買自由座。眼看離發車時間只剩八分鐘，朋友買好票後，給了我一張票，立刻拖著我們兩人的行李前行，我也快速往驗票閘門走。過了關回頭一看，她卻站在閘門外，不停地掏著每個口袋說：「我找不到票！」只好無奈地高舉我的行李，越過閘門拿給我。

這時，一位年輕的工作人員奔向我們，手上揮著一張車票高喊：「票在這裡！」

原來匆促間，好友只顧著幫我拿行李，卻把自己的車票留在櫃檯了。我們兩人這下子成了半斤八兩，誰也不要怪誰健忘或心不在焉。

除了讚揚和感謝這位工作人員的機靈與熱心服務，不免也猜想這種事是不是常發生，以至於他很有經驗？

這趟旅遊，提醒了銀髮族如我需注意兩件事：

一、一次做一件事：不要像年輕時，同時做很多事情。只要專心，一次做一件事情，效果一樣好，而且資訊才能登錄並貯存於腦中。

二、**凡事預留十分鐘**：不要趕，凡事預留十分鐘，才能從容以對並享受過程，且可避免失誤，或因匆促而導致跌倒、扭傷、骨折等。

記憶七罪，「心不在焉」最常見

記憶很重要，學業、事業、人脈和日常生活等都需要它。然而，人的記憶並不完美，有時還不太可靠。

美國心理學家丹尼爾・沙克特（Daniel L. Schacter）於一九九九年的論文指出，人類的記憶有七項缺失（「記憶七罪」）：短暫（transience）、心不在焉（absent-mindedness）、空白（blocking）、錯誤歸屬（misattribution）、暗示（suggestibility）、偏頗（bias）和持久糾纏（persistence）。

其中，以「心不在焉」最為常見，如好友與我的例子。主要是因為當下沒有專注，或受到其他有趣或重要事件的分心之故。例如忘了戴口罩、找不到車鑰匙，出門上了車後，卻沒印象自己是否有鎖門、瓦斯是否有關、電插頭是否有拔掉等。

留心「忘性」及「認知功能」的變化

好友不免有些擔心：「我們兩人是否出現了失智症的前兆？」

其實這種偶爾發生、而且有原因的「忘記」，可能發生在每個人身上，並非失智症的徵兆，大可放心。

例如馬友友在紐約時，匆忙中曾將極為名貴的大提琴留在計程車的後車廂，幸好幾小時內就找回來。專心做實驗的牛頓，也曾把手錶當成蛋來煮。

但是，**如果丟三落四的事件經常發生，愈來愈嚴重，而且別人都說你記憶差，但你卻覺得還好，加上其他認知功能也開始出現問題時——便應該就醫檢查是否有失智症了。**

跑錯餐廳、記錯日期，是不是失智前兆？

在幾場不同社團的演講中，我發現中壯年族群很關心失智症議題，不僅是為父母、長輩著想，也關係到自身的長壽未來。例如有位男士問：「有次餐敘，我跑錯餐廳；還有一次是記錯了日期。這些是不是失智的前兆？」

人類的記憶很神奇：首先，要專注地接收訊息，傳到腦部的海馬區成為「近期記憶」→之後，貯存在大腦皮質成為「長期記憶」，以便存取。

過程中有任何一個環節鬆了，都會影響記憶——但不見得是失智症。要先考慮以下幾種情況：

一、健忘

如果一開始就心不在焉，沒有好好接收、更沒有貯存，當然會想不起來或記錯。

可以舉的例子不勝枚舉，如念書不專心，當然記不牢；工作繁瑣，難免顧此失彼；心情不佳、焦慮不安或一心好幾用，因而別人講的話根本沒聽進去，當然不記得。也因此，「正念減壓」的專注力練習近年來頗受歡迎。

二、正常老化

人體的器官與功能會隨著年齡而逐漸退化，記性也不例外，尤其以「近期記憶」最顯著，但不至於影響日常生活或工作。

與失智症的差別在於：這不會經常發生，也不會變得愈來愈嚴重；只會忘記部分細節，而不是全盤忘掉；事情過後，自己或是經人提醒可以想起來，而且其他認知功能正常。

三、過度擔心

有些人非常關心健康，總覺得自己的記性大不如前，把偶爾忘記的小事都嚴重看待。不過，對於「自己認為忘記」的事情的前因後果，他們卻可以描述得非常清楚，並且神經心理測驗的結果都正常。

四、舌尖現象

有時要講一個人名，此人的形象在腦海中非常鮮明，但就是講不出來，這時如果有人起個頭，就會脫口而出；或幾分鐘、甚至幾天後，自己也會想起來。這種情況就稱為「舌尖現象」。

這可能是因大腦老化，腦中負責名詞「意義」與名詞「語音」的神經連結變得較弱了，並非失智。

五、失語症

失語症，主要有「表達性」（無法言語）和「接受性」（不能理解別人的話）兩種，兩者都有命名困難的狀況，也就是說不出人、事、物的名稱。

失語症是左側大腦的額顳葉受損（最常見的是「腦中風」）所造成的語言障礙。與「舌尖現象」的最大差別是，「失語症」患者不僅人、地、國家等專有名詞，連要說出一般生活中常用物品的名詞都有困難。

六、輕度認知障礙

這是**正常認知與失智症之間的「過渡期」**。

自覺近期記憶或認知功能變差，神經心理測驗的結果也顯示比同年齡者差，但整體認知功能的衰退不大，不影響日常生活或工作。

由於每年有10％～15％的輕度認知障礙者轉變為失智症，所以需要定期追蹤。

失智症是記憶和認知功能減退，且嚴重度足以影響到工作或生活。造成失智症的疾病，有六成是退化型的阿茲海默症。

診斷的第一步是根據病人的敘述與家屬的觀察，在日常生活中有哪些記憶或認知功能減退的事件；其次是客觀的神經心理測驗。確定是失智症後，再接受進一步檢查，以找出是哪種疾病造成的失智症。

因此，我回答這位先生：「您可能是事業做得大，太忙了。只要不常發生，且經過提醒後能想起來，就安啦。」

不過，當你有所掛慮時，最好還是到「神經內科」或「記憶門診」，讓醫師詳細地問診判斷較好。

為了大腦好，睡個聰明覺

近日追劇，劇中一位焦慮的男士，慎重地對隔天要幫他父親動肝臟手術的外科醫師說：「今晚請早點就寢，也切記滴酒不沾。」

這位家屬雖然唐突，但凸顯出對於「睡眠剝奪」（sleep deprivation）的憂心。我回想起多年前聽一位醫師朋友聊到，他要接受腹部手術的當天早上，主刀醫師在手術前先跟他打招呼，不經意地說了句「我昨晚睡得好飽」，卻讓他大為安心。

睡眠剝奪是睡眠時間不足或睡眠品質不良，可以是急性或慢性。「急性睡眠剝奪」通常是指一到三天，且分為部分或完全兩種：部分是指晚上只睡幾個小時，完全則是整晚沒睡，且醒著的時間從二十四小時至七十二小時不等。醒著的時間愈長則症狀愈嚴重，開始常只是倦怠、想睡、不能專注、反應遲緩，接著工作出錯、開車易出意外，嚴重時可能出現視幻覺等。

整晚沒睡，相當於喝醉了！

來自挪威奧斯陸大學，刊登於二〇二一年四月《大腦》（*Brain*）期刊的一項研究，把罹患腦部疾病，需接受從腦脊髓液注射顯影劑檢查的病人，分為「試驗組」（七位，平均四十四歲）與「對照組」（十七位，平均三十九歲）。「試驗組」施予睡眠剝奪二十四小時，「對照組」則正常睡眠。

所有病人在第二天接受顯影劑注射，並且每隔一段時間接受腦部磁振造影掃描——追蹤至四十八小時，發現睡眠剝奪組的大腦對顯影劑的清除，明顯比對照組慢，可見即使只熬夜一晚，對大腦也有顯著的影響。

很多人都有熬夜的經驗。曾聽過有大學生通宵不眠準備隔天的考試，卻在考試時睏得呼呼大睡。司機、飛行員與醫師等從業人員也不宜熬夜，因此住院醫師一定不會連續兩天值班，才不至於影響思慮與行醫。

幾年前，我開車等紅燈時，被一輛車子從後面猛撞，原來是後方駕駛因熬夜，開車時睡著了——像這樣整晚沒睡後，第二天開車的精神狀態與反應能力，相當於血液酒精濃度0.07%時的狀況，比台灣規定不能開車的酒精濃度0.03%還高出許多。

對於急性睡眠剝奪最好的治療，當然是睡覺補眠。但如果情況不允許，則可喝咖啡提神。

有次我趕著送出研究計畫，撰寫直至天明，之後開車去打高爾夫球。三十個小時未眠，精神卻亢奮欣悅，還與坐在副駕駛座的朋友聊個不停。其實這是睡眠剝奪的「矛盾」或「逆向」作用（paradoxical effect）。真正的原因不明，可能是人腦的中腦邊緣系統分泌多巴胺的關係。

因此，曾有學者嘗試以睡眠剝奪來治療憂鬱症，但因效果短暫，而且長期的睡眠剝奪也可能導致憂鬱症，因此這種方法並不被採用。

睡眠不滿七小時，失智機率高三成

近十年來，不少醫學文獻指出**長期睡眠剝奪，與動脈硬化、高血壓、心血管疾病和死亡率等有關，甚至是患阿茲海默症的危險因子之一**。

例如一篇來自英國，發表於二〇二一年四月《自然通訊》（*Nature Communications*）期刊的論文，追蹤七千九百五十九位參加者，在二十五年後，有五百二十一位診斷為失智症。經過統計分析，發現在五十、六十和七十歲時，睡眠時間少於或等於六小時的受試者，失智症的發生率比睡眠七小時者高了30％。

除了流行病學數據，另一個睡眠與阿茲海默症相關的證據，來自二〇二二年才被證實的大腦「神經膠細胞類淋巴系統」（glymphatic system）。人腦所產生的蛋白質等廢物或毒物，比如造成阿茲海默症的「類澱粉」與「tau蛋白」，約有60％經由腦脊髓液，以及神經膠細胞與小血管壁所形成的類淋巴系統的管腔，經由腦膜的淋巴系統，注入血流後，排出體外。

而這個「清道夫系統」主要是在睡眠時運作，尤其在深層睡眠時最活躍，因此睡眠實在非常重要。

睡眠，是無可取代的養生

每個人所需的睡眠時間因人、因年齡而異，最簡單的方法就是找到一覺醒來，覺得神清氣爽的睡眠時間，這就是自己需要的睡眠時間。成年人約七~八小時。

我以前總覺得每天二十四小時都不夠用，怎可浪費人生三分之一的時間在睡覺。但，**充足的睡眠能清除腦內的廢物，是修復、是養生、是充電，更是無可取代的。**

照顧重度失智者，要隨時觀察與呵護

外籍看護推著坐輪椅的陳老太太到公園賞櫻，八十六歲的老人家重度失智。看護忙著拍照，回頭時發現有隻蜜蜂停在老太太的右耳上。回家後，她清洗老太太被蜜蜂螫傷的右耳，搽了藥膏，但沒告訴家屬。

約五天後，老太太的兒子發現她整個右耳殼發紅、腫脹，傷處出現潰瘍，把耳朵的病況拍照記錄後，立刻帶母親看耳鼻喉科。醫師認為是細菌感染，開立了三天的抗生素、止痛藥與消炎藥膏。

但服用了三天的藥後，潰瘍沒好，於是他們又回診。此時，醫師發現老太太的右耳殼有不少小水泡，立刻診斷是右耳的帶狀皰疹。回頭仔細看三天前的相片，原來那時就有些小水泡，但因潰瘍處太明顯，這些小水泡就不引人注目。

醫師開立六天的口服抗病毒藥物。十天後，右耳的紅腫和小水泡都消失了，潰瘍也結疤，家屬才放下心來。

什麼是帶狀皰疹？

「帶狀皰疹」是小時候得過的水痘病毒，潛伏在腦與脊髓的背根神經節中，當年紀大了或罹患癌症等，導致免疫力降低時，病毒便乘機活化而出，從一側的神經節沿著感覺神經，傳至末梢神經，而造成神經痛；最後抵達皮膚，出現腫脹、紅疹與水泡等。

好發部位在胸、腹部，其次是頭、頸部，包括三叉神經所支配的「頭皮」與「額頭」，以及顏面神經所支配的「耳殼」、「外耳道」和「舌頭」。

顏面神經比較特別，包含了「運動神經」與「感覺神經」。運動神經控制臉部肌肉，感覺神經則分布在耳殼與舌頭的前三分之二。

水痘病毒除了感染感覺神經，而造成耳朵痛、紅疹與水泡，有時也會感染運動神經，導致單側的顏面神經麻痺，造成嘴歪臉斜，稱為「侖謝亨特氏症候群」（Ramsay Hunt syndrome），由美國的耳鼻喉科亨特醫師於一九〇七年提出，因此以他命名。

這種症候群並不常見，每年的發生率約是每十萬人口中有五位，大約占所有顏面神經麻痺病例的7～12％（僅次於原因不明的「貝爾氏麻痺」），且預後較差，只有約六成左右會恢復。

陳老太太很幸運，僅耳朵有症狀，沒發生顏面神經麻痺。這個病例也讓我聯想到：

一、照顧重度失智者，如同照顧嬰兒

重度失智的長輩不會表達，不僅被蜜蜂螫時不會喊痛，也因手腳不靈活而無法揮走蜜蜂或保護自己，更不會抱怨耳朵痛。因此，照顧者得像照顧嬰兒似的隨時觀察、呵護。

二、病史很重要，但也可能造成誤導

因為專注於被蜜蜂螫刺且感染的傷口，而忽略了小水泡。這種先入為主的觀念常會造成「框架效應」，誤導了醫療判斷，忽略其他診斷的可能性。

三、回診追蹤非常重要

雖然初診時，醫師很樂觀地說不用回診，但因症狀沒有進步，家屬帶陳老太太返診時，耳殼上的小水泡變得明顯，也就是病情成熟、明朗化了，讓醫師一眼就發現小水泡而診斷是帶狀疱疹，才能夠對症治療。

把失智親友送長照，就是不愛他？

常有人問我：「把失智的親友送入長照機構好嗎？」

我的回答一直都是：「如果認為長照機構的照顧會比在家中好，那當然是可以的。」

照顧失智者非常辛苦，體力、財力、人力、耐心與技巧缺一不可。尤其現今的家庭人口少，是很難在家中照顧的，長照機構當然是個選項。

不過，挑選長照機構務必謹慎，並要經常去探望，猶如共同照顧。

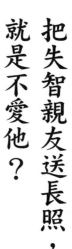

專業機構照顧，提升失智病家的生活品質

我的朋友陳太太，每晚與外籍看護協助失智的丈夫陳教授如廁，並清洗被大小便汙染的地板。七十二歲的她長期睡眠不足、筋疲力竭，眼看就要倒下去了……最後，不得已才決定把七十八歲的丈夫送進長照機構。想到兩人四十四年前在牧師證婚時「直到死亡將我們分開」的誓言，她心痛如錐刺，哭著走出機構。

因唯恐丈夫會鬧著要回家，陳太太接受護理師的建議，忍了一週後才去探望。先生見到她，歡喜得不得了，笑容滿面地直說「好久不見」，並高興地吃著她帶去的點心與水果。

但是當陳太太問他：「你叫什麼名字？」「這裡是什麼地方？」他都回答不出來。

她把自己的名字寫在一張紙上，先生可以正確地唸出來，卻不知道這個名字就是眼前最親愛的太太。

工作人員拿出相片，拍下陳教授在機構裡參加了住民活動，還與社工小姐跳國標舞的情景（陳教授以前是國標舞高手）。

而原本在家裡，他因排便不順而煩躁不安，但住進長照機構後，看護把堵在肛門的大便硬塊摳出來後，他的躁動情形就緩解了。

看先生行動自如，視、聽、嗅、味、觸的五感仍在，且能與人互動，真的是快樂地活在「當下」。何況在長照機構受到專業照顧，比待在家中好，就算不記得自己又有什麼關係呢？

擁有兩人滿滿回憶的陳太太開始自我調適，並繼續服用身心科醫師開立的抗焦慮與憂鬱藥物。度過這道難關後，她還有自己的路要走！

二〇〇六年，美國最高法院的首位女性大法官歐康諾（Sandra Day O'Connor），為了照顧罹患阿茲海默症多年的先生而毅然退休。隔年，丈夫入住安養院，卻與另一名女性失智者產生了感情。當歐康諾看到他倆在鞦韆椅上握著手時，她為丈夫的心靈滿足而覺得欣慰。

陳太太想到這個例子，雖然心酸、不捨，但也感恩丈夫仍擁有快樂的感覺。

病況加重及照顧的難題，家屬有心無力

失智症的照顧者常是「隱形病人」。

隨著失智者的病況逐漸嚴重，認知功能像海灘上腳底的細沙般快速流失，不認得家人，甚至忘了自己……讓照顧者心痛不已。有些患者還會出現焦慮、幻覺、妄想、肢體暴力等精神行為，令照顧者難以招架。

年紀大的失智者，可能有高血壓、中風、癌症等慢性病，或身體出現新問題，但不會表達，更需要照顧者悉心觀察與關照。

而有些失智者的身體還很健壯，會四處遊走、容易走失，需隨時盯著他，照顧者一刻都不得休息。

有些照顧者對於長輩或配偶的失智症難以啟口，不敢告訴親友或求助，都已經身心俱疲，還怕別人說自己不夠盡責。而當自己變得焦慮或得了憂鬱症，還唯恐被人說不夠堅強，更別說把失智者送入長照機構。

大法官歐康諾在另一半病逝後，積極投身於公民教育。二〇一八年，八十八歲的她發表公開信，表示自己也罹患了初期的阿茲海默症，無法再

從事公眾活動。

世事難料，不知哪一天，**照顧者也可能罹病、需要被照顧**。因此，在這少子化、多獨居老人的年代，不管罹患失智症的機率如何，陳太太和我們幾位「老」友也開始留意自己將來可能入住的長照機構了。

三、愈動愈活躍

預防失智症的簡易處方——

郊山健行

讀醫學院時，我對細胞的「不正常增生」（即癌症）與「凋亡」（即退化）特別好奇，很想探究這兩種生命極端的奧祕。

半世紀後，銀髮族的我看著癌症的治療突飛猛進，從手術、放射線治療、化療、標靶療法與免疫治療等，不斷推陳出新，讓不少癌症能被治癒或控制。相反地，阿茲海默症的藥物研發雖然蓬勃，常以為會有突破，結果療效卻不如預期，因此目前仍僅止於症狀治療。

曾有位朋友感嘆：「我寧願得癌症，即使不能治癒，但有明確的努力目標，而且親友會因我的奮鬥而鼓勵我。然而，得了阿茲海默症，心智慢慢流失，不知如何圍堵，親友看了既難過又無奈。」相信很多人都有同感。

因此，「預防是最好的治療」，對阿茲海默症尤其重要。

我們無法改變高齡、基因與家族史等先天的罹病因子，**但可以從後天的危險因子著手，也就是要受教育、多動腦、治療三高、常運動、多活動、維繫人際互動與睡眠充足等。**

「走路」是最溫和、可行的運動

「走路」是最溫和、可行的運動，一般建議每天至少要走四十分鐘。近年來，手腕計步器流行，可記錄每日累積的步數，簡單實用。

《美國神經醫學期刊》（*JAMA Neurology*）於二〇二二年九月，刊登一篇來自「英國生物資料庫」的論文：讓七萬八千四百三十位四十～七十九歲的無失智症者，連續戴腕計步器七天，在追蹤六．九年後，有八百六十六位罹患失智症。

經統計分析，發現每天走九千八百步者，患失智症的機率減少了51%；但超過一萬步，機率不降反升。而每天走三千八百步者，失智症也能減少25%。

當然，這只是參考值，每個人還需量力而為。每天走三千八百步並不難，但若能達到九千八百步，就要讚賞自己了。

遠離空氣汙染，降低失智症發生機率

空氣中的汙染物如細懸浮微粒（PM2.5），被二〇二〇年《刺胳針》（*The Lancet*）期刊的「刺胳針報告」，列入失智症的危險因子之一。包括台灣在內的世界各國眾多研究也有同樣的結論。

二〇二二年一月，《美國國家科學院院刊》（*PNAS*）刊登的一篇論文：「美國女性健康促進記憶研究」（WHIMS-ECHO）追蹤兩千兩百三十九位七十四～九十二歲的社區婦女，平均追蹤六．一年，發現空氣汙染的情況改善後，她們失智症的發生率也跟著降低（PM2.5每減少一．七八微克／

立方公尺，失智症便減少20％），顯示這兩者可能有因果關係。

郊山森林浴，適合高齡族群

大部分銀髮族的生命力仍很旺盛，距離台灣的平均餘命（男七十六・六三歲，女八十三・二八歲）還有好幾年，因此得好好預防失智症，才能享受健康的老年。

銀髮族不若年輕人活蹦亂跳，也不時興上健身房，「走路」是最方便且不花錢的運動。因此，我想到一項**適合高齡族群、簡單易行的預防失智處方：「走入山林」**。

走入山林，尤其是城市近郊海拔一千公尺以下的郊山，步道設施和指示牌較為完備，北部如軍艦岩、草嶺古道和陽明山的許多步道等。

郊山健行，除了欣賞風景、遠離空汙、走路運動、認識生態，沿途如有人文典故或歷史遺跡，更可動腦。最好有同行夥伴，萬一發生意外有人幫忙，更可增加人際互動，交換心得，或健行後聚餐同樂。回家後，整理相片、做筆記或寫個簡單遊記，以加深記憶，如此把預防失智的元素幾乎都囊括了。

郊山健行的地點何處尋？最好與三五好友，固定每個星期、走不同的景點。社區大學和不少民間團體也有許多走入山林或健走的課程，只要有心，一定可以找到適合自己的方式。

當然，**如果時間與體力不允許，不見得要走郊山，每天在住家附近的公園或綠地走走，也有預防失智的效果。**

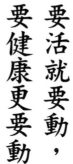

要活就要動，要健康更要動

和五位好友到南投清境農場看馬術表演，結束時被人群沖散，分別湧入不同步道。我跟在友人小藍後面，結果她被不平的水泥地面絆倒，整個人直接撲倒在地。七十二歲的她慢慢爬起，頭沒撞到、臉無破相，手掌疼痛但沒腫脹，右膝有些擦傷，還好沒有骨折或扭傷。

小藍認為她的安然無恙應歸功於從金融業退休後，十年來持續地積極運動——除了每週跳六天排舞、做兩天瑜伽（各一個小時）之外，還與朋友爬郊山兩次，讓她身體結實，精神奕奕，也才能在意外跌倒時，維持身體的靈活度而沒受重傷。

多活動，能增強記憶力

的確，要活就要動，要健康更要動。

走路、做家事、工作與娛樂等，都是「活動」。運動則是特意、有規範、有益健康的活動，如球類、跳舞、爬山、游泳等耐力運動（有氧運動），以及伸展與重訓等阻力運動。

眾多醫學文獻，不論是流行病學調查與長期追蹤、動物實驗或人體研究，一致顯示：多活動，可降低死亡率，減少罹患心血管疾病、失智症（尤其是阿茲海默症）的機率，甚至能促進大腦海馬迴的神經細胞再生，增強記憶力。反之，缺少活動占了全球失智症危險因子的２%。

多少活動量才足夠？根據世界衛生組織（ＷＨＯ）二〇二〇年對成人的

建議是：每星期至少要有一百五十～三百分鐘的「中等程度活動」，或是七十五～一百五十分鐘的「強度活動」。

但活動量因個人年齡、體力與是否罹患疾病而不同，需量力而為。例如銀髮族宜多走路，最好每天至少走四千步或四十分鐘。**最重要的是，找到喜歡或適合自己的運動項目，並且有同儕的激勵與陪伴，較能持之以恆。**

「運動激素」影響甚廣

運動的好處不勝枚舉，但其分子生物機轉卻很複雜，且還在探索中。目前認為運動時，身體的許多器官、組織或細胞（如肌肉、心臟、肝臟、脂肪組織、神經系統），會分泌並釋放出各種生化物質到血液中，通稱為「運動激素」（exerkines）。

這些運動激素不僅作用於器官本身，例如肌肉激素（myokines）除了讓肌肉強壯有力，也會傳遞訊息到鄰近或遠處的器官，有助於增進心血管、代謝、免疫、骨骼及神經系統功能，影響甚廣。而且每種激素不只一種物質，例如人類的肌肉激素就超過六百種，包括介白-6（IL-6）、腦源性神經營養因子（BDNF）、鳶尾素（irisin）等。

不少學者以動物實驗來顯示運動激素的效果。例如，加州大學舊金山分校的團隊發表於二〇二〇年《科學》（*Science*）期刊的論文，把連續六個星期跑滾輪的年老老鼠（十八個月大）的血漿，輸入不運動的年老老鼠體內，三星期內共輸注八次，發現不運動的年老老鼠，記憶能力和學習能力不僅進步，甚至發現牠的大腦的海馬區還產生新的神經細胞。

促進整體的身心健康

運動激素的這些實驗不能在人體進行，於是學界與業界興起「運動模擬」（exercise mimics）、運動藥丸（exercise pills）的構想與研發，希望讓人能藉由服用某種或幾種物質便達到運動的效果。雖然還在起始階段，但對於不愛運動，或因年老、衰弱、疾病等原因而缺乏運動的人也許是個希望，只是還很遙遠。

其實，活動或運動不僅是為了單一器官，更是為了整體的身心健康。而且從運動時與人互動和自我期許中，感到愉悅、滿足，這些都是運動藥丸無法達成的。

多走路，為健康加分

第三級疫情警戒期間，宅在家缺少運動，於是趁著清早與傍晚，行人較少且還不太炎熱時，戴著口罩，到附近的公園散步約一個小時，以舒心健身。有時會遇見一位年約六十歲的男士，左側身體偏癱，左手肘微彎貼近身軀，跨步時，左腳先向外劃出再往前邁步，走得慢卻穩當，堅定、認真的態度令人佩服。看他不需旁人陪伴，想必是中風多年，且病情穩定。

「腦中風」是神經科病房中最常見的疾病。中風的類型包括：缺血性、出血性、動靜脈畸形與腦部微小動脈瘤破裂等。

預後主要與中風的範圍大小和中風部位有關，嚴重時，可能會造成腦水腫而危及生命。

只要度過急性期，而且沒有感染等併發症，當進入恢復期後，大部分的病患會有進步，病兆小的中風甚至可完全恢復。但仍有不少中風患者有行動不便或失語症等後遺症，而需要人照顧。

中風後的恢復，並不是中風部位壞死神經細胞的復活，而是其附近、甚至相對應的對側大腦神經細胞的「代償作用」——取代了壞死細胞的功能，也就是神經細胞的「可塑性」。

神經細胞的可塑性是一種「自癒功能」，在中風後便立即啟動，只是到了恢復期才充分發揮。中風後的神經復健就是在促進、並加強神經細胞的可塑性，包括肢體活動、平衡訓練、鏡像治療、局限誘發動作治療等等，非常重要。

「勤走路」是最有效的復健

一般認為神經可塑性在中風的六個月內最明顯，後續的研究並發現，其實這項能力可以持續甚久。因此，**即使已不在醫院或診所接受復健，自己仍然可以繼續努力——主要就是靠「走路」。**

可以說，中風之前靠自己，即是好好地控制中風的危險因子，如高血壓、糖尿病和心律不整等，以預防中風。

中風「急性期」要靠神經科或急診醫師，如穩定生命跡象、治療腦水腫，以及爭取時間做靜脈注射血栓溶解劑或動脈內血栓移除等。

在「恢復期」，則要與復健科醫師及專業治療師好好配合。

接下來的「慢性期」就又得靠自己，除了需遵循醫囑服藥以預防再度中風外，還要靠自己努力地持續復健。其中最有效的，就是像公園裡這位左側偏癱的先生一樣——「勤走路」。

不管多少步，有走總比沒走好

那麼，一天要走多少路才夠呢？根據美國衛生及公共服務部於二〇一八年公布的「第二版身體活動指南」，對成人的建議是：每星期至少要有一百五十～三百分鐘的中等程度活動（世界衛生組織也如此建議），如快走、打排球、清理庭院等。

近年來，大家習慣用計步器以方便記錄。成年人的走路速度，每分鐘為六十四～一百七十步，以平均每分鐘一百步計算，每天至少要走三千步。不少國家也有步數的參考指引，如日本的厚生勞動省於二〇〇六年建議，每天八千～一萬步，相當於走六十分鐘。

但再次強調，步數的多寡，主要還是根據個人的年齡、體力與是否罹患疾病等，而有所不同，需量力而為。

有走總比沒有走好，最重要的是**持續做，讓時間為自己加分。**

散步原來那麼有趣

我一向喜歡到郊外健行，沒有散步或純走路的習慣。走路一定有個目的地，例如要去哪個病房看病人、到某個機構辦事或去市場買菜等，總覺得光是走路好浪費時間。而散步又像是老夫老妻相偕而行，或如《傲慢與偏見》中，男女主角在庭園裡散步、不期而遇的浪漫情景，與我無關。

但疫情卻讓我體悟到單純走路或散步的滋味與好處。一開始只是想透透氣、伸展手腳，順便賞景；接著，開始觀察其他走路的人；最後回歸到與自己相處。尤其是走在新北投公園的「文學步道」，戴上口罩與帽子，跟人保持社交距離，不需眼神接觸，且路況安全又熟悉，正可專心構思或放任想像力馳騁，多麼享受。

當疫情趨緩，和好友們快樂相聚時，發覺大家臉沒變圓、身材也沒發福，原來是大家宅在家期間，不僅節制地少吃零嘴，甚至還像書中情節的男女主角般，經常散步呢。

戶外活動要留心「熱傷害」

好友玉芬回台探親，想體驗台灣的山林之美，於是我倆報名參加中部的三日遊。但考慮到不知定居美國多年的玉芬是否能適應炎熱氣候，於是我們到台北的外雙溪走友善的「翠山／碧溪步道」，先實習一下。

當日晴空萬里，氣溫高達三十六度，濕度高，沒有涼風，幸好樹蔭夾道，我們適時地補充水分，也常坐下歇息幾分鐘，因此雖然汗流浹背，但並不會覺得累。

玉芬腳力好，我們在步道來回走了約兩個小時二十分鐘。快回到翠山步道的入口時，正高興她已通過了熱考驗，卻忽然聽到背後「砰」的一聲。趕緊回頭看，見玉芬向前撲倒在地，幸好頭沒撞到。

扶她起來後，她說是因地面稍微隆起而絆倒，左手掌與右膝擦傷了。路過的山友以酒精幫她在傷處噴了幾下。

我扶她在步道入口的長石椅上坐下休息，不料，她忽然覺得頭暈。躺下後，全身開始冒冷汗，脈搏快且面色蒼白。約十分鐘後，她試著坐起來，但立刻又頭暈，而且想吐，全身無力。喝了一口運動飲料又想吐，只好再躺回去。

我想玉芬應該是熱傷害（heat-related illnesses），且是「熱衰竭」，才會頭暈、虛弱得在平坦的步道上摔倒。但是她的體溫不高，且意識清楚，若能立刻讓身體冷卻下來就沒事。

她雖然躺在樹蔭下，但沒風，身邊也沒有冷水或扇子等幫忙散熱。公車雖然有冷氣，但她不可能在豔陽下走五分鐘到公車站。如果再不處理，可能會惡化成熱中暑，危及生命。

於是我徵得玉芬同意，打了一一九呼叫救護車。救護車裡有冷氣，約三十分鐘的車程，玉芬的熱衰竭病況大致減輕。抵達急診室時，她可以正確地回答醫護人員的問題，體溫、心跳、血壓、心電圖、抽血檢查（包括電解質與肌肉酵素等）都正常。貼心的醫師還拿了一小瓶礦泉水讓她喝幾口，確定無事後，才讓我們離開。

熱傷害嚴重恐致命，高齡、慢性病者需留意

近年來全球暖化，熱浪不斷，在亞熱帶台灣的我們，雖已習慣炎熱天氣，但仍然要預防「熱傷害」。

人體的散熱靠「蒸發」、「對流」、「放射」及「傳導」這四種方式，其中以流汗的熱蒸發為主。然而，當環境的濕度很高時，汗無法蒸發，則不能排熱，可能造成熱傷害，依嚴重程度依序為：

一、**熱水腫**（heat edema）：在晒太陽處出現紅疹與小水泡，通常過一

段時日後，自行會好。

二、熱痙攣（**heat cramps**）：肌肉抽筋，做局部按摩即可。

三、熱暈厥（**heat syncope**）：需要躺下，雙腳抬高，並補充水分。

四、熱衰竭（**heat exhaustion**）：頭暈、頭痛、噁心、虛弱、流冷汗、脈搏快速等。此時需離開炎熱處，最好到有冷氣的地方，以冷水、冰水、電風扇等幫忙散熱，並補充水分。

五、熱中暑（**heat stroke**）：體溫上升到攝氏四十度、休克、意識不清，可能造成多重器官衰竭而危及生命，需立即送醫治療，不可大意。

熱傷害是可以預防的，主要是避免在烈日下或濕悶的天氣時運動。如果非運動不可，前一晚要睡眠充足，當天穿著需輕便、涼爽，戴帽子或撐傘，並且隨時補充水分或運動飲料。稍有不舒服，就要休息。

不習慣炎熱氣候者、老年人、有慢性病、服用利尿劑或抗組織胺等藥物者，要特別小心。

換個角度想，不幸中有大幸

一般而言，身體需要十～十四天以適應炎熱的天氣。雖然玉芬沒通過這次的熱考驗，中部的旅遊只好取消，但很慶幸，熱衰竭是發生在翠山步道的出入口，而不是在中部的山林裡，更感謝及時援助的救護車與急診室的醫護人員們。

熟年旅遊，注意六個安全原則

有一回參加高屏的「茂林國家風景區」三天旅遊，第一天有項活動是體驗原住民的祈福儀式，先是每人喝一杯小米酒，之後口含一顆檳榔，立刻跑到外面的草坪把檳榔吐出以解除厄運。但出口處有個短斜坡，當天飄著細雨，石板地濕滑，向來動作靈活的六十多歲團友突然腳底一滑，整個人往後重重摔倒，後腦勺著地，並且左腳踝扭傷，腫脹疼痛。

領隊立刻帶他到社區醫護室，護理師替他纏上彈性繃帶並冰敷。我們都認為只是扭傷，沒有骨折，於是這三天的行程，他都坐在從飯店借來的輪椅，由領隊和團友們輪流推著，偶爾服用止痛藥，遊興不減地繼續遊山賞景。

第二天走茂林生態公園的賞蝶木棧道時，一位非常活潑的團友隨手拉了旁邊一根大樹枝，將之用力彈出去，撥動其他枝葉，驚擾了林子裡棲息的紫斑蝶，霎時間群蝶飛舞。

導遊回頭說：「小心，那是咬人狗。」果然，團友的右手食指、虎口、拇指的皮膚插入了好幾根細刺，立刻變得紅腫，想必痲刺難受。大家都知道會刺人的「咬人貓」，還是第一次聽到更厲害的「咬人狗」。幸好，經過一個多星期後就沒事了。

第一天跌倒而扭傷的團友回到台北後就醫，照X光發現外踝骨折，接受鋼釘板內固定手術後，也完全復原。

熟年族結伴或揪團出遊，不僅是遊山玩水、觀光聯誼，更是促進身心健康的好活動。常出遊者都曉得，行李要簡單、洋蔥式穿戴、慢性病藥物要隨身攜帶等，但仍難免會遇到意外。固然防不勝防，然而若能注意以下幾點，則可降低意外發生的機率。

一、「勇腳」不要掉以輕心

有時因玩得愉快或太有自信而疏忽了，例如團友觸摸不認識的「咬人狗」而遭刺傷，或天雨路滑卻快速行走而滑倒。

年紀大或行動不便者遇到天氣差或路況不佳時，宜小心翼翼，放慢腳步，彼此提醒或幫忙，較不容易出意外。

二、「肉腳」量力而為

旅遊不是冒險，也不是競賽，需斟酌自己的年齡、體力與身體狀況。

例如我走宜蘭「太平山山毛櫸步道」與新竹尖石鄉「馬胎古道」時，因雨後的山路泥濘，我就半途而返。又如登台北市的拇指山頂峰，最後一段要拉繩索攀爬大岩塊，我知難而退。雖然少看了風景，但可觀賞團友拍的相片，且免於意外。

三、增強體適能

平時常運動、多走路，就更有本錢旅遊或登山，而不會氣喘吁吁。並且萬一發生意外時，因為身體的平衡佳、反應快，較能減少傷害，且加速復原。

四、結伴同行

旅遊時，不要落單，萬一發生了狀況，才會被注意到。而有親友同行，意外發生後才有人照顧。

例如，有位六十多歲的朋友參團到高雄旗津港，在洗手間洗手時，一個兩、三歲的小孩直奔過來，他立刻往旁邊一閃，卻跌坐在地上，臀部痛得讓他站不起來。幸好他太太同行，立刻叫救護車送醫院急診，診斷是「右側股骨轉子間骨折」。當晚，他接受復位內固定手術。

四天後，朋友帶著助行器出院，兒子也來陪伴，一起搭高鐵回台北。之後他繼續復健，恢復情況良好，夫妻倆又開始遊山玩水。

五、慎選旅行社

不僅是旅遊行程與費用，「領隊」及「保險」也很重要。好的領隊會在事先提醒團員旅程中需注意的地方，萬一出意外時，也會幫忙申請理賠。

六、牢記旅遊的基本常識

例如走路時不拍照；拍照時，一定是停下不動。

膝蓋不好的人，記得戴護膝、帶登山杖。上下階梯時，運用「兩點不動，一點動」的口訣，也就是**兩隻腳和一支登山杖——「一次只移動一隻腳或登山杖，另外兩點牢固於地」，以免跌倒**。

還有，**手機不離身**，萬一跌倒或迷路時，才能即時向外呼叫求救。

出去玩，暈車怎麼辦？

近年參加走入山林的活動，經常搭車上山，發現會暈車的人還真不少，有次幾乎占了二十七人座的中型巴士前四分之一的位子。

印象最深刻的是一趟搭大巴士到阿里山，從南投服務站開往嘉義奮起湖的山路上，坐在前座的兩位朋友開始暈車，雙手拿著塑膠袋斷斷續續地嘔吐。抵達奮起湖後，我們興高采烈地吃起便當，兩位受暈車所苦的朋友臉色蒼白地坐一旁，完全沒有食欲。這段山路並不特別彎曲，應該是在台北上車時，好心的主辦人請大家吃豐富的早餐，漢堡、水果和咖啡都下肚的關係。

暈車（即「動暈症」，motion sickness）很常見，約有三分之二的人在一生中都曾有過暈車的經驗，尤其是六～十二歲的小孩，而女性比男性多，華人又比歐美人多。

睡眠不足、懷孕、偏頭痛者較易暈車。此外，暈車有家族傾向，如果父母其中之一曾經暈車，兒女暈車的機率為一般人的兩倍。

暈車的症狀通常慢慢發生，一開始可能只是覺得有點累、不舒服、不能專心、肚子稍脹，接著感到頭暈（但並未到天旋地轉的程度），臉色蒼白，感到噁心、嘔吐，嚴重時可能會因身體缺水而虛脫。狀況輕微者只要下車，便立刻恢復，症狀通常不會超過二十四小時。

暈車是因為平衡系統不協調

暈車的機轉，目前並不完全清楚，一般認為是控制我們身體平衡的系統不協調之故。

司管人類身體平衡的主要有三個系統：「視覺」、「內耳的前庭」（包括耳蝸與半規管）和「本體感受器」（讓我們閉著眼睛也能感受身體的動作），並經大腦與海馬區根據過去的經驗加以詮釋，加上小腦的協調功能，才能保持平衡。

當大腦察覺這三個系統不協調時，就會出現暈車的症狀，因此暈車也會受到心理因素影響，而且前庭功能完全喪失的人不會暈車。

這也可以解釋為什麼不少會暈車的人，自己開車時卻不會暈，這是因為他手握方向盤，眼睛直視前方，腦中可以預測車子的方向而有心理準備。難怪多年前和朋友開車走山路，除了我不暈車，另三位會暈車的朋友都搶著要開車。

有一回搭小巴行經通往宜蘭太平山的山路時，坐在司機旁邊的朋友開始暈車。幽默的司機說：「換你來開車好嗎？」想想，或許未來當自動駕駛車普及，不需要全神貫注地控制車子的行進方向時，暈車的人會隨之增加？

「動暈症」不僅出現在搭車時暈車，還有暈船、暈機，搭乘雲霄飛車、看３Ｄ電影或是戴虛擬實境的裝置等，也都有可能引發。

有一次，我請住院醫師和我一起看病理玻片，兩人在雙眼顯微鏡前對坐，我快速地前後左右移動玻片以找出病兆。一抬頭，發現住院醫師臉色蒼白，原來是快速的移動讓他頭暈了。

暈車是可以預防的

如果事先知道山路彎曲或海浪洶湧，而且有動暈症體質，最好在出發的一小時前，先服用抗組織胺等藥物預防。但因為可能會有頭暈或想睡的副作用，所以開車者不宜服藥。

大部分的動暈症，都可以透過調整環境或改變行為來預防或改善——

一、**慢慢適應**：先從短程且緩坡的車程開始，多坐幾次，再逐漸拉長為遠程旅遊。車行每一～兩小時，便下車休息幾分鐘，讓平衡系統逐漸習慣。

二、**選擇較不顛簸的座位**：車子要選擇坐前段，最好是司機旁邊的位子。船舶則選中間且下層的座位較佳。飛機宜選靠近機翼的座位。因此搭遊覽車出遊時，就需要同伴們的體諒，讓暈車者坐前座。

三、行車時：可以假想自己在開車，眼睛看著遠方的固定處。不要看書、手機、電視螢幕或窗外的風景，最好是閉上眼睛或者戴上墨鏡。身體坐正，且頭不要亂動。可以聽音樂或搽精油等，讓自己放鬆。還有，不要和同座者討論是否會暈車，也要避免去看正在暈車嘔吐的同伴，以避免誘發症狀。

四、飲食和睡眠要注意：上車前或車子行進時，不要吃得太飽，並且避免油、辣的食物或咖啡，以免加速嘔吐。但也不能空腹，否則體力會不支。可以在上車前吃些點心，行車時喝少許水以止渴。長途旅行的前一晚要有充足的睡眠，好讓身體保持在最佳狀態。

四、正面心態是強大保護傘

正面心態的力量

好友因罹癌接受免疫療法，手腳都起了水泡，疼痛加上無法外出散步，只能穿襪子在家裡慢慢走，讓他十分懊惱。

我說：「有副作用，就表示藥物有效啊！藥物既然傷害了正常細胞，相信也正在殺死癌細胞。」

他聽了，臉上的表情頓時放鬆下來。

果然，經過幾個月的治療後，追蹤檢查顯示腫瘤縮小了。

不僅看到副作用，也看到療效

上述鼓勵朋友的話，我可不是隨口說說，而是有切身的經驗。

多年前，我因患乳癌而接受化療，歷經掉髮、體重減輕、血色素降低、白血球減少及感染等副作用時，就是這樣告訴自己：「藥物在我的身上打起來了，對癌細胞和好細胞都打擊。幸好我的身體一向強壯，一定會撐過去的。」因而對醫師的治療非常配合。

這種心態不是一味地盲從或完全相信，而是看到了事情的「全面」——不僅看到負面（副作用），也看到正面（療效）。並且最重要的是想法與措詞。**與其說「化療雖然殺死癌細胞，但也殺死正常細胞」，不如說「化療雖然傷害了某些正常細胞，但也殺死了癌細胞」**。

被診斷罹患癌症固然是打擊，但也是機會。除了積極地治療，有些人會省思，珍惜自己的生命、家庭和工作，改變生活型態，好好吃飯、多多運動並睡眠充足等。

做最壞的打算，但抱著最好的希望

心態，不僅能影響癌症的治療，對於其他疾病也一樣。

例如，史丹佛大學團隊發表於二〇一九年《過敏與臨床免疫期刊》（*The Journal of Allergy and Clinical Immunology*），一項對花生過敏的減敏療法臨床試驗。

經由嚴謹設計，五十位七歲～十七歲的兒童或青少年接受口服花生減敏治療，隨機分配為兩組：一組被告知，可能會有的口腔癢或腫脹是出現了「減敏作用」，這是療效；另一組則被告知這是一種「副作用」。經過六個月的治療，雖然兩組都有效，但被告知是「減敏作用」組比較不焦慮，也較能按時服藥，而且當劑量增加時，副作用也比較少。

所以不僅是病人可以自我打氣，醫師的措詞與解說也很有影響力。

生病時，除了接受治療，在心裡「做最壞的打算，但抱著最好的希望」也是一股力量。

例如當確診得到新冠病毒感染時，可以告訴自己是增加了三個月的抗病毒免疫力。

一位好友的先生因重度失智且合併精神行為而住院，女兒特地回國陪伴。好友每天和女兒到醫院探望先生，雖然心情沉重，但「母女攜手同行，心連心」這從未有過的體驗，讓她很感恩，覺得溫馨與踏實。

現代的醫師不僅醫術要好，還要懂得大數據與新科技。

有人擔心可能被會快速學習、分析、演算和診斷的人工智慧（ＡＩ）替代而失業。但換個角度看，能充分運用ＡＩ的醫師，不但可以把ＡＩ當成如虎添翼的工具，更有時間與病人互動和面對面溝通，這是ＡＩ所不能取代的。就好像每次打電話到機構行號時，聽到的是錄音指令，要你說出目的或按鍵，且被轉來轉去感到不耐煩，當終於聽到一個真人的聲音時，真是喜出望外啊！

年紀大了，每天有許多時間可做新嘗試

心態，也在生活中扮演重要的角色。

有位銀髮族好友一直無法用手機打開我傳給她的一個網路連結，沮喪之餘，直說自己「老了」、「真笨」。

我告訴她：「這就像開車迷路，是因為路途不熟或還不熟悉導航系統操作，多試幾次就是了。**年紀大了，雖然來日不多，但每天卻有許多時間可以嘗試**。而且這個連結有重要到非打開不可嗎？**千萬別貶低自己啊**。」

運用「全景模式」，對人多些包容

年過七十後，我開始收到LINE群組傳來某某同學病故或告別式的訊息，不免也想：什麼時候會輪到我？

讀醫學院時，完全不曾、也不可能預測哪位同學會先往生，因為年輕的生命力那麼旺盛，誰會想到老啊！

但是受到基因、環境、工作、生活習慣與醫療等因素，經年累月的影響，我和同學們的人生道路就慢慢分開來了。然而，不管從事何種行業或當哪一科醫師、經歷如何不同，最後還是殊途同歸——步入老年，走入終點。

看人，我選擇「以上皆是」

在網路還不是很普及的年代，聽說有位大醫院的院長沒穿白袍，獨自到急診室巡視。護理師沒認出來，問他：「老伯伯，請問您有什麼事嗎？」這除了讓人會心一笑，你還會怎麼想？以下五個答案，請選選看：

一、這位護理師真有禮貌。

二、院長的自尊心可能受到打擊，竟然有屬下不認識自己，但也很以護理師的態度佳為榮。

三、專業的穿著與配備（如白袍與聽診器）很重要。

四、以綠葉襯托，可能更高招。例如由一位醫師陪同或幾名醫師簇擁著前來，一看就知道這位人物不是個普通老伯。

五、如果去掉專業與身分，每個人都只剩下性別與年齡。

我選擇「以上皆是」。這個故事，讓我聯想到孟子說的「說大人，則藐之，勿視其巍巍然」。

我見到有威望或自以為不可一世的人，腦海裡會浮現他小時候包著尿布、銜著奶嘴的樣子，則嘴角不免浮上笑意而自然放鬆下來；再想像他將來年老體衰、舉步維艱的模樣，則同理心油然而生，自然就不會害怕或苛責對方。

反過來，看到一個可愛的嬰兒或調皮的孩童時，我會想他或她以後可能是未來的總統或良醫，而不敢輕視。當遇到老態龍鍾或失智的長者，則念及他也許有我所不知、非常值得尊敬的輝煌過往呢！

從生命脈絡去理解一個人

旅遊時，常恨不得把遼闊的壯麗山河美景全收進一張相片裡，這時就會打開手機的全景功能，從左至右，全部攝入。

那麼，我們是否也可以用「從小到老」的「全景模式」來觀人呢？不僅看這個人的此刻，這是他生命的橫斷面；也可以運用想像力，觀想其一生，即其生命的縱切面。那麼，也許我們在待人處事上會更有包容力。

這個簡單的領悟與作法，是我老來的休閒和動腦活動之一，挺有趣的，你不妨也試試看吧。

老師，請你再說一遍好嗎？

某日，我參加的社區大學的走入山林課，走新北市南勢角山的「烘爐地步道」，二十位學員中，有八成是銀髮族。

走在上坡步道旁邊的岩層上，二十八歲的老師替同學們複習這學期去過的景點及其所屬的地層，依沉積年代先後，從五指山層（貴子坑）、木山層（軍艦岩）、大寮層（和平島）、石底層（南勢角山）到南港層（南港山）。

腳程慢的幾位同學跟上來了，老師對著他們再講一遍，大家也跟著再複誦一遍。正以為話題結束了，一位同學卻靠過來請老師再說一遍，引得大家哈哈大笑。原來她是拿著手機要錄音。之後，還有人一邊走，一邊背誦這五個地層。當三個小時的行程結束時，居然有不少同學還記得住這五個地層及其先後次序。

這個小插曲，讓銀髮族的我有幾點感觸——

一、用進廢退

每週一次的健走課，上了四個月後，有些同學的大、小腿肌肉明顯變得強壯、有力，平衡變佳，且上坡時，大夥氣喘吁吁的模樣顯然改善了。大腦也是一樣，愈用愈靈光。雖然銀髮族即使專心聆聽，仍需要老師重複知識點，但靠著勤能補拙，多複誦幾次後，也能記住那五個地層。即使在求學時代，年紀尚輕，老師的授課內容也不完全能記住，否則大家都能考一百分了。所以**銀髮族不要先自我設限，一定要勇於嘗試**。

二、把握自己的優勢

不可否認，隨著年齡增長，各項器官逐漸退化，臉上的皺紋與行動緩慢是最明顯的標記。

大腦的變化雖然是看不見的，但一般而言，思緒速度、短期記憶、解決問題等「流體智力」是在三十歲時達到最高峰；而經由後天學習的字彙和語言等「晶體智力」，則較不受年齡影響。

所以**銀髮族也許需要多次複誦才記得住，但我們有的是時間，而且語言表達能力可能更強，生活智慧不斷累積，個性逐漸圓融，甚至學會幽默、自嘲。**例如當大家聽到那位同學請老師再說一遍時，哄堂大笑，其實也是心有戚戚焉。

三、善用科技，學習新知

那位同學其實是3C達人，她善用智慧型手機，幫大家錄音以便複習。

如今有許多課程、相片、影音檔都透過LINE群組等通訊軟體告知或傳遞。許多銀髮族也都用起電子支付。

靈活地運用科技，有如生活上的手杖，讓生活更加便捷。

四、不苛求自己

雖然要保持活躍的老年，但還是要「認老」——接受老年對身心的影響；欣賞，但不要想如年輕人般矯健、快捷，因此不要逞強。

就像前面提到的，例如下雨天時，遇山路泥濘或高難度的拉繩攀岩等，我會衡量自己的體能，有時候就不參與，以免意外受傷或造成團隊的負擔。

這就好比到大飯店吃自助餐，不必牛排、海鮮、甜點等每樣都吃，把肚子撐得難受，只拿取自己喜歡的或必要的，適可而止，才是享受。

五、老師和團隊成員很重要

我很幸運地遇到能理解老年人的年輕老師，同學間也都互相包容，對行動較慢的成員如我，會特別關注。

當然，能和興趣相投的好友一起參加社團最好，但也可以乘機認識新朋友。銀髮族除了家人，如果還有自己的朋友圈，可以活得更開心，遠離孤寂，有益身心健康。

如果永遠有明天

某日對鏡，發現我的上腹部皮下浮現出好幾條靜脈，雖然不到糾結成團，但立刻讓我想起以前當醫學生時所學到的「梅杜莎頭」（caput medusae）。

這種症狀通常是因肝硬化造成了肝門靜脈壓力增加，使靜脈回流困難，而產生側枝循環，在腹部皮下形成如女妖梅杜莎頭上一條條蛇般的靜脈曲張。

但我一向沒有肝病，也不是肝炎帶原者……難道是不知不覺間，多年前的乳癌轉移到肝臟？

也許人生的盡頭就在眼前。想想，這七十幾年過得還不錯，只是有些事情還需要稍做安排。

如此一盤點，覺得一生順遂讓我好感恩，若就此劃上句點，也沒有遺憾，甚至覺得輕鬆起來。

不過，畢竟多年沒追蹤了，於是掛了當初替我開刀的醫師門診，做了乳房與腹部超音波掃描後，乳癌沒復發，沒有肝硬化，也沒有肝腫瘤。

雖然不知道腹部皮下為何出現輕微靜脈曲張，但至少沒有立即的危險。我感到釋然，不過也明白生命總有終點。

凡事有定期，萬物有定時

還記得電影《亂世佳人》最後的經典場景：傷心欲絕的郝思嘉關上大門，對自己說：「畢竟，明天又是另一天。」（After all, tomorrow is another day.）充分顯現她對於明天再來解決問題的自信與灑脫，讓人印象深刻。

但是，如果真的「永遠」有明天，那會是怎樣的景況呢？我試著想像一下：永遠沒有死神這回事，每個地方都擠滿了人；房子不夠住，好幾代、幾十代、幾百代的人要同堂，連稱謂都不知如何稱呼；食物不夠吃，爭奪、搶掠、囤貨將層出不窮；找不到工作或無須工作，人人都變得懶散、貪婪，擔心錢不夠用；處處是步履蹣跚、拄著枴杖、甚至在地上爬的老人、老老人，更難想像千歲人是什麼樣子；所有的醫藥資源不再用於治療或預防疾病，而是在如何維持青春美貌……

我喜歡《聖經》中的章節：「凡事都有定期，天下萬物都有定時。生有時，死有時；栽種有時，拔出所栽種的也有時……」

不僅是生命，生活中也處處有期限，既是壓力、鞭策，也是恩賜。如計畫書、報告表、文章等有繳交日期。退休年限則讓人有所期盼，可以休息或創造斜槓人生，也讓出位子給年輕人，促進職場的新陳代謝，世界才能順利運轉。

我是否好好地過完了這一天？

每天睡前，我會點開手機的行事曆，自問是否好好地過完了這一天，完成了今天想要或該做的事情，再看看明天的行程。

我相信有明天，企盼明天的到來，但不是永遠永遠。

生命中的幸運，多如繁星

清晨，一如往常地上網瀏覽醫學期刊，一篇有趣的論文吸引了我。這篇文章提到約14％的醫學生有「醫學生症候群」，意思是當老師教到某種疾病或看到病人時，會聯想到自己是否也有同樣的症狀與疾病，因而變得焦慮、擔心，真的是「視病如己」。幸好，我從來沒有過這種想法。

為何我沒有醫學生症候群？可能是年輕時，天真地認為醫師是醫師、病人是病人，角色截然不同，自以為醫師是不會生病的，至少不會生重病。那時候，每當聽到有醫師去世或罹患重病，都令我感到很驚訝。

將近半個世紀前，擔任實習醫師的我輪到胸腔病房實習，有一區是開放性肺結核病患。查房時，醫師們都沒有戴口罩，除了是對病人的尊重以及相信自己的免疫力，多多少少也有「醫師不會被感染」的迷思吧。不過，在當時倒是沒聽說過有哪位醫師因此而感染到肺結核。

這種天真與無知或許也是一種幸運，讓「憨膽」的我專心埋頭苦讀、認真學習，從醫學院畢業後，一頭栽入醫學中心忙碌、緊張的行醫與教學生涯。多年後，「終於」發現醫師也是會生病的，只是醫師比較懂得預防，醫療資源取得較方便，且了解疾病的預後，而不會無謂地恐慌和害怕。

從「幸運」的角度，看自己的健康

我從五十七歲開始，陸續罹患乳癌、頸椎椎間盤突出和腰椎滑脫，很幸運地都治療成功。恍然覺悟，之前沒有生病是因為還年輕，且父母親給了好基因及耐操的身體之故，與當醫師無關。

回想當醫學生時，疾病分那麼多科：外、內、婦、兒科等，每一科又有次專科，一本本厚重的英文原文書，敘述的疾病何止千萬種，從還在母體內的基因突變、出生後的發展遲緩、微生物感染、癌症、外傷、退化、代謝異常和精神疾病等等。更別說後來行醫時，新的疾病不斷出籠……而在這千萬種疾病中，我只罹患了三種，何其幸運！

之前提到過，有天我對鏡自照，發現肚腹皮下靜脈曲張，有點像蛇髮女妖「梅杜莎」的頭，但後來接受腹部超音波檢查，並沒有我所擔心的肝病變。活到老年，才第一次在自己身上聯想起以前老師所教的「梅杜莎頭」，真是何等幸運！

看不見的幸運，愈數愈多

我們常常覺得要得到什麼東西，如禮物、彩券、好名聲等，才是幸運。但從另一方面來想：身體好好的不作怪，如細胞不亂增生成癌症、器官不快速退化或受到病毒侵犯等，更沒有得到教科書上羅列的千萬種疾病，或即使是罹患了其中幾種，突飛猛進的醫藥常可將之治癒或緩解……這些都是種種無形的幸運。

細細品味，這種看不見的幸運多到不可勝數，就像天上的星星，愈數愈多。

小事也能帶來希望

最近讀了美國波士頓布萊根婦女醫院的斯圖亞特（Jessica C. Sturt）醫師，發表在二〇二一年十一月的《新英格蘭醫學期刊》（*The New England Journal of Medicine*）上的一篇小品文〈那些小事〉（The Little Things），頗有同感。

有次查房時，面對因患白血病而接受幹細胞移植的中年男性病人，斯圖亞特醫師告訴他治療成功，並且不需要再使用抗生素了。

這位住院超過一個月、曾因敗血症嚴重到住進加護病房的病人聽了之後，問的卻是：「這表示我可以不用再吃醫院難吃的伙食了嗎？」

接下來的十五分鐘，他們談論的都是食物以及病人太太拿手的乳酪漢堡食譜，將病情置之腦後。

斯圖亞特醫師很有同理心，因為她還是青少年時，曾罹患淋巴癌而必須接受化療。當時她問醫師化療是否會讓她掉髮，醫師肯定的回答讓她知道疾病的嚴重性。然而在治療成功後，令她印象最深的也是吃母親做的臘腸三明治。

為什麼病人只注意這些「小事」？

這是因為病情常常太複雜、太嚴重，即使醫師詳細解釋，病家在心情慌亂下，可能無法了解，反而從這些生活的小細節可以知道病情的輕重，比較簡單，也務實。

就像在接受手術前，家屬常問醫師「手術要多久」，除了要安排時間在開刀房外等候，也常以手術時間的長短，來衡量病情的嚴重性與手術的困難性。

一個小動作，卻代表一份深深關愛

好多年前，有位女士因大片缺血性腦中風導致腦水腫而昏迷。我努力地對她先生解釋病情後，問他有什麼問題想要問我，他卻問：「為什麼她的手有點腫？」

我當時愣了一下，不懂他為什麼問這個無關緊要的問題，難道他不知道病情的嚴重性嗎？

於是我回答：「那是因為她昏迷，不會自己動的關係。我們會把她的手墊高。也許你可以慢慢地把她的手舉高，輕輕地按摩會好些。」

看著這位先生專心一意地在太太身邊照著做，讓我恍然大悟：原來是做這些小事，讓他感覺在盡一己之力，幫助所關愛的家人。這個小動作，跟媽媽替小孩擦乾眼淚或臉上的汗珠，不是很相似嗎？

後來我常告訴中風病患的家屬，可以在床邊幫病人輕輕舉起癱瘓的手腳，並稍微按摩。為病人做這些小事，常能讓家屬覺得踏實，甚至帶來希望。

小事從來都不小，還能帶來良好的關係

「小事」常常是支撐我們繼續努力或奮鬥的力量，就像斯圖亞特醫師的臘腸三明治和她的病人的乳酪漢堡。

多年前我罹患乳癌，要接受手術與化療時，想的是希望能再看到忠誠路台灣欒樹的秋紅。幾年後需要動頸椎手術時，我念念不忘的是能繼續走到傳統市場，聽此起彼落的叫賣吆喝聲，看著一堆一百元的水果。

有些看似無關緊要的小事，也會左右人們的決定。

例如有位六十八歲的朋友發現有高血壓，心臟科醫師為她開立藥物。她並不曉得降血壓藥需要天天持續服用，以為血壓降下來就可以不用吃，血壓高了再服藥。

一個月後回診，血壓偏高，她說：「醫師一直對我叨叨唸，還說：『你不是每天都要吃飯嗎？』」讓她心裡很不舒服。

雖然朋友後來很聽話地天天服藥，但她決定看另外一位醫師。新的醫師發現她的血壓控制得很好，親切地告訴她：「一切都很順。」於是又開立同樣的藥。

可見儘管醫術都高明，但言談用語的小事，卻可能會左右病人的抉擇。

生活中的小事，也不容忽視。

例如有位朋友四十年前結婚後，與夫家全家住在鄉下。那時她剛新婚三天，下廚煮飯，電鍋跳起來後，她用鐵鉤把內鍋勾起，準備拿到飯桌上時，鉤子卻鬆了，一鍋熱騰騰的白飯就這樣翻倒在地上。

婆婆立刻說：「沒關係，髒的飯粒可以撿起來給雞、鴨吃，其他乾淨沒沾到土的我們吃。」一臉窘相的她感激不已，從此奠下良好的婆媳關係。婆婆往生後，每次談起婆婆，她都很感念，可見小事從來都不只是小事。

成為自己的「安慰劑」

和好友到苗栗一家知名餐廳用餐，服務人員告知不供應白飯，只有紅棗飯，一百二十元。我想這麼貴的飯一定好吃，於是叫了一碗。

送來的是尋常飯碗分量，四個人小心翼翼地均分。我小口小口地放到舌尖品嘗，飯Q香、棗微甜，美味極了。

回台北途中，我還在稱讚紅棗飯，並說：「一碗一百二十元雖然貴，但值得。」

朋友一聽，說：「哪有這麼貴，是二十元啦！」

原來一碗是二十元，我聽成了一百二十元！先不論我聽力如何，這誤聽卻讓我著實享受了美味，而且當下的感受是貨真價實哪。

這就像安慰劑不只是安慰效應（placebo effect），有時也能在大腦中產生與藥物相同的作用，尤其以止痛藥與抗憂鬱症藥物最明顯，甚至效果可高達40%。

所以要證實新藥的療效，需要以安慰劑當對照組，並且是「雙盲」的嚴謹臨床試驗——即醫師與病人都不知道病人服用的是安慰劑或新藥，直到試驗結束，才拆封解盲，以比較療效。新藥的療效需要明顯地超過安慰劑，才能證實藥效並上市。

預期、相信有效，就可能產生療效；那麼，預期或相信可能的副作用，也可能會產生副作用，也就是「反安慰劑效應」（nocebo effect）。因此在有些臨床試驗中，服用安慰劑這組竟然也出現了與藥物組一樣的副作用，只是機率較低。可見相信和肯定是力量，但也要用在對的地方。

所以嘛，每天早上醒來時，不妨對著鏡子裡的人說：「你是最棒的，是獨一無二的！」或「你的笑容很可愛！」再充滿自信地出門。

你怎麼看待自己，怎麼肯定自己，就會變成那樣你喜歡的自己。

轉個念，正面看待老年好處多

最近讀到一篇來自耶魯大學，刊載於二〇二三年四月《美國醫學會期刊網路開放版》上的一篇論文，讓我大為振奮。

貝卡．利維（Becca R. Levy）博士的研究團隊，追蹤一千七百一十六位、平均年齡七十七歲的「輕度認知障礙」（mild cognitive impairment, MCI）者。在起始點時，以「對老年的態度」問卷，評估參加者對老年的看法，共有五個題目，例如「我愈老，愈覺得沒用」。每題以自我感受程度分為一～六分，總分小於十五分者為正面看法，大於或等於十五分者為負面看法。並且每兩年評估他們的認知功能，最多高達七次評估。

結果發現「對老年持正面看法者」回復到正常認知的機率，比負面看法者多了30%。

什麼是「輕度認知障礙」？

「輕度認知障礙」是介於正常認知與失智症之間的過渡階段，短期記憶或任何認知功能有輕微退步，但不影響日常生活，因此不是失智症。

如前文提到，一般而言，每年約有10～15%的輕度認知障礙會轉變為阿茲海默症或其他失智症，因此被認為是失智症的危險因子之一。但每年也有16～25%輕度認知障礙者的認知會回復正常，這點近年來逐漸受到重視。

探討認知功能為何回復的論文非常多，目前還沒有定論，可能與輕度認知障礙者的年齡、載脂基因的類型、生活習慣與精神狀態（如憂鬱、焦慮、壓力……）等因素有關。

因此，醫師常建議輕度認知障礙者要加強預防失智症，如多動腦、多運動、多從事刺激大腦的休閒活動、多與人互動以及治療三高等，並且每六個月到一年追蹤其認知功能。

利維博士這篇二〇二三年的論文，更提供了「正面看待老年」這個簡單易行且不用花錢的方法，如能廣為推行，將有益於社會大眾的健康。

面對老年，「接受」並「轉念」

然而，很多人從小就對老年有負面印象，比如我看過一個四、五歲的小孩撐著竹杖，一跛一跛地學老爺爺走路。而成年後，媒體廣告不停地告訴我們要如何「回春」。年老者也常不自覺地感嘆「人老，不中用了」，甚至給人倚老賣老的負面印象。

那麼，如何建立對老年的正面看法呢？

一、**首先是「接受」**：人生如四季，春耕、夏耘、秋收、冬藏，每個年齡都有其特色。

二、其次是「轉念」：感恩能活到老，接受老年帶來的外貌與身體病痛，同時也享受醫藥與科技的進步等。

例如八十歲的好友因疑似乳癌轉移到肝臟，而要接受肝穿刺切片檢查。朋友們都有點擔心，她卻坦然地說：「肝穿刺是醫師在超音波下操作，看得到病變和穿刺的位置，沒問題的。如果結果確定是轉移，乳癌一直有新藥，就接受化療或標靶療法吧。趁著我現在食欲不錯，多吃點，養好體力，才有接受治療的本錢。」讓我既寬心又佩服。

文獻有關正面看待老年的好處不勝枚舉，例如死亡率較低、走路速度較快、手的握力較強、認知功能較佳，並且比較能從衛教課程中受益、積極接受治療等。

套用我在前作《你怎麼看待老年，它就怎麼回應你》一書中寫下的句子：「怎麼想，就會怎麼做，最後達到你所想像的結果。」讓我們一起來正面看待老年吧。

五、愈認識疾病，愈不害怕它

我為什麼不吃炸香菇？

參加旅遊團，午餐桌菜中的炸香菇很受歡迎，但我沒動口。有團友問我為什麼不吃，我答說因為前日做胃鏡檢查發現有胃食道逆流，不宜吃炸物。

立刻有團友問：「奇怪了，你不胖、不菸也不酒、不吃辣、不吃油膩食物，怎麼會得胃食道逆流？」

為了不想讓他繼續分析下去，我趕緊說：「我喝茶、喝咖啡啊。」未料，他緊追不捨：「那我也喝咖啡，我怎麼不會呢？一定有其他原因，例如壓力。」

正想問他，我有哪些壓力時，另一位團友好心地建議：「我以前也有胃食道逆流，吃藥都沒效。後來有人告訴我，吃東西時，每一口都咬二十下才吞下去，就好了。」

哎呀呀，我真不該引出這個話題！這也讓我聯想到一位好友近日得了癌症，周邊人的反應。

如果有人問他是否罹癌，他不否認，但也不會主動告知親友。並不是怕別人知道他得癌症，而是怕大家問東問西，追問：「為何會得這個病？」「為什麼沒及早發現？」如果都找不到原因，甚至還會幫你怪祖宗或前世，如「基因作怪」、「祖宗不積德」或「前世的報應」。

有人會詳細問你是如何發現癌症、有何症狀、做何檢查，是因為他要確定自己沒有同樣的問題，不想延誤就醫。有些朋友則會告訴你應該看哪位醫師才較高明、授以祕方或送你各種保健品等。

這些善意的關心與建議，真是讓人窮於解釋，既累又煩。

朋友生病時，該如何關懷？

那麼朋友生病時，該如何關懷呢？這還真不太容易，但可以看交情、病人的個性與需要而定。

如果是泛泛之交，默默關心就好。

常往來的朋友可以用電話、簡訊、電子郵件或LINE問訊、祝福，並詢問是否有可幫忙之處？如果自己曾罹患同樣的疾病也可告知，並提及若對方需要，可進一步提供資訊。這種方式既可表達你的關心，也讓對方有緩衝時間、考慮後再回覆，或是「已讀不回」，各自安心。

當然，至親與交情深的朋友另當別論。一通電話可以直接問需要什麼幫忙，或是直接探視，伸出援手。

有需要時，主動請求協助

反之，自己有需要時，不妨主動請求協助。

獨居的我，曾有好幾次在LINE上發出訊息，就有好友們分別相助。例如，陪我動白內障手術，然後帶著戴眼罩的我回家。在我動完腰椎手術後，要出院時，小心地開車載我回家，讓我的腰椎免於顛簸，並到家裡幫忙換藥、洗頭髮等。

每當我想起這些點點滴滴，心裡就湧出一股暖流。

在這個少子化、獨居人口漸增的年代，很多人是需要幫忙的。例如幫忙推輪椅去看急診或門診，陪伴病人，以便家屬可以進行掛號或拿藥等事宜。

最近一位有糖尿病的好友併發了腎臟疾病，除了積極接受治療，還需攝取低糖、低蛋白質的飲食，但又需要一定的熱量以維持體力，因此他打電話向幾位朋友求教。後來，終於找到一位專業又親切的營養師，以及供應此特殊便當餐食的廠商，讓他像發現新大陸般，才知道原來還有這樣的市場呢。

在餐桌上，當我說因胃食道逆流而不吃炸香菇時，其實只是想告訴大家，「我不是不喜歡，而是暫時不能吃。」也希望大家只要輕描淡寫地回應「那你吃其他較清淡的菜吧」，這樣就可以了。

欲知什麼病，先問你「幾歲」

與好友走郊山，兩人拄著登山杖一步步地下階梯，生怕走得太快會傷膝蓋。

她提起，有次九歲的孫兒從二樓蹦跳地跑下樓，她看得好羨慕，孫兒卻說：「奶奶，我才羨慕你呢，不是看電視，就是睡覺，都不用念書。」

她的兒子在一旁連忙說：「奶奶是先幫我們準備了晚餐，才躺著休息一下呢。」

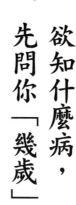

各個年齡層的體力、心智與責任都不同。每個人都曾經年輕，將來也都會老。在社交場合問別人的年齡很失禮，但是**在醫療上，「年齡」和「性別」至關重要**，才會有兒童、婦女與高齡醫學等不同科部。

相同疾病的病因，老人和小孩不一樣

不同年齡層，好發的疾病有所不同。如嬰幼兒多是感染或飲食不適，青少年常為青春痘煩惱，中年開始要注意三高，老年則需小心癌症及器官退化等。

然而，年齡是個連續數字，並沒有明顯的界線，好發年齡也並非絕對。例如屬於自體免疫疾病的「重症肌無力」就有兩個好發的年齡層：二十～三十歲，以及五十～六十歲。又如「腦瘤」雖是中老年人的病，但兒童也可能罹患，只是病理不同，治療和預後也有差別。

不僅疾病的發生與年齡有關，即使是同樣的症狀，也常因年齡層不同而需考慮不同的疾病。

例如「頭痛」在各年齡層都很常見，而發生在青少年常是偏頭痛，中年人多為肌肉緊縮型頭痛；到了老年才出現的頭痛，則要考慮是否有腦部病變。又如「癲癇」，出現在幼兒時，可能是腦部發展異常、代謝疾病或不明原因；在老年人身上，則需要先排除腦瘤或其他腦病變的可能。

而且，同樣的疾病，其療效與預後也會因年齡而不同。

例如老年人的COVID-19死亡率較高，是因為老年人的免疫力降低，並常有其他「共病」的關係。因此讓老年人優先打疫苗，健保並給付抗病毒藥物。

有位外表年輕的朋友，快篩確診後去看門診，詢問醫師可否開立抗病毒藥。醫師說她不符合條件，但看了她的健保卡資料後，才發現她是「長輩」，讓她樂得症狀當場好了一半。不過，醫師考慮她活力十足、生理年齡較年輕，且症狀輕微，因而沒開立抗病毒藥。

「年齡」是診斷的重要線索之一

在病例討論會，醫師的開場白如果是「一位三十歲男士，突然頭痛，且左側肢體無力」，患者很年輕，大家就會想應該不是一般的中風，也許是先天的動靜脈畸形破裂造成的腦出血。

又如二十多年前，一個十歲女孩看門診時說：「我有時從椅子上站起來，或是走得快一點時，手腳就會自己動起來，但一下子就好了。」這簡直就是「陣發性動作誘發型運動不良症」的最佳描述，讓我印象深刻。

因此，當有人要問他親友的某種病痛時，我一定會打岔先問：「請問他幾歲？」

當然，年齡加上精準的症狀描述是很好的診斷線索，但還是要靠醫師的分析、鑑別以及進一步的檢查，才能正確地診療。

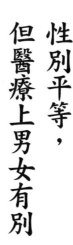

性別平等，但醫療上男女有別

醫師在討論會上報告病例時，通常會以一個精簡句子開頭，例如「一位四十歲女士突發性右側肢體無力已三小時」，提供重要的醫療訊息，包括年齡、性別、病症的急性和持續多久，引領與會醫師正確的診斷方向。其中，「性別」近年來逐漸受到重視。

男女的性器官、荷爾蒙與性染色體不同。男性有攝護腺、睪丸與睪固酮；女性有子宮、卵巢、雌激素與黃體素等，因此罹患的疾病有所不同，也才有泌尿外科和婦產科的區分。雌激素對女性有保護作用，例如年長女性較容易有骨質疏鬆或阿茲海默症，部分原因是因為停經後，雌激素減少之故，但不是造成疾病的主因，補充雌激素也不一定能預防此兩種疾病，所以並不建議年長女性因而服用雌激素。

即使同樣疾病，致病機轉也不見得一樣

人類有二十三對染色體，其中一對是性染色體，男性是XY，女性XX。X染色體較大，約有一千一百個基因，包括與免疫相關的基因，而Y染色體只有約一百個基因。性聯隱性遺傳疾病如色盲基因，若只存於一個X染色體上，因還有另一個具正常功能的基因，帶有此基因的女性並不會有症狀，但帶有此基因的男性因為只有一個X染色體，則很容易表現出來。

不僅外觀、器官、基因不同，男女的生理、代謝、免疫力、疾病發生率，甚至對藥物的療效也有所差異。除了明顯與性器官有關的疾病，如女

性的子宮肌瘤與男性的攝護腺肥大外，其他像偏頭痛、乾燥症、紅斑性狼瘡、多發性硬化症好發於女性，叢發性頭痛、肺癌、腦外傷、冠狀動脈心臟病則多見於男性。而同樣是肺癌，肺腺癌以女性居多，小細胞肺癌和鱗狀細胞癌則是男性居多。

一般而言，女性先天與後天的免疫力都較強，較能抵抗細菌和病毒的感染。但女性也因為免疫力較強，有時會攻擊自己的正常細胞，而產生自體免疫疾病，如紅斑性狼瘡等。

男女對於病原的易感性也不同，如新型冠狀病毒（SARS-CoV-2）經由其棘蛋白與人類呼吸道細胞表面的「ACE2接受體」進入細胞而感染，而男性的「ACE2接受體」比較顯著，因此男性罹患COVID-19的機率較高。

即使是同樣疾病，其致病機轉也不見得完全一樣。有學者發現男性的冠狀動脈心臟病常是因動脈阻塞，因此容易被冠狀動脈攝影所偵測；而女性常是血管壁的硬化，導致血流減少，其血管攝影沒出現阻塞，且缺血性心臟病的症狀可能不典型，而容易被忽略。

新藥研發受試者多為男性，結果不完全適用女性

新藥研發需要嚴謹的臨床試驗證明療效，女性因為有生理週期、生育、哺乳考量與限制，有懷孕可能的婦女，因安全考量也常被排除於臨床試驗外，使得臨床試驗受試者常以男性居多，因此試驗結果並不見得完全適用女性，且藥物劑量常需調整。

男女差異一般指的是先天的「生物性別」（biological sex, male vs. female），近二十年來，「社會性別」（social gender, man vs. woman）逐漸受到重視。「社會性別」是指受到後天的社經文化、家庭、職場、心理或生活習慣的影響而呈現的性向，如陽剛或陰柔。例如有人觀察到，台灣成年女性會獨自就診，向醫師詳細請教問題；但成年男性通常不會主動看醫師，常在家人要求下才前來就診，因此症狀難免相對嚴重。

每個人的社會性別是變動的，與生物性別對醫療的交互影響很複雜，可以是加乘或相反作用，有很大的探討與研究空間。

我們倡導性別平等，也尊重男女先天與後天的差異、複雜性，在講求個人精準醫療的時代，性別也是重要的考量因素。

藥物作用比你想的還複雜

六十六歲的男士罹患巴金森氏症多年，晚上躁動不睡，於是醫師開了一顆安眠藥「佐沛眠」（zolpidem）十毫克（商品名「史蒂諾斯」，Stilnox）。

但是他服用之後，不但沒睡著，反而精神奕奕。原本面無表情、不講話也無法溝通，卻開始講幾句簡單的話。雖然還插著鼻胃管，但可以自行拿著飲料用吸管喝。只是這樣的效果僅維持了三個小時。

對此，不僅家屬高興，醫師也覺得驚奇，其實這是藥物的「矛盾作用」（或稱為「逆向作用」，paradoxical effect）。

安眠藥的謎樣「矛盾作用」

最早有關「佐沛眠」的矛盾作用，發表於二〇〇〇年的《南非醫學期刊》（*South African Medical Journal*）。一位二十八歲男士出車禍導致腦出血，呈現半昏迷狀態已三年。因他非常躁動，而被餵服一顆佐沛眠，十五分鐘後醒來，竟然能跟母親打招呼、說簡單的話，但只維持了三～四個小時。為他進行腦部的核子醫學掃描，顯示他在服用佐沛眠後，原本血流低的腦區域，血流明顯地增加。

後續也有不少類似的醫學文獻報告，例如上述論文的作者，之後又報告了三個類似病例：服用佐沛眠後就醒過來；藥效過後，又回到半昏迷的原狀，如此維持了三～六年。

但這種矛盾作用並不常見，根據兩個小規模的臨床試驗，發現發生率分別是4.8％與6.7％。

藥物的這種矛盾作用，並不是要鼓勵半昏迷的病人都開始服用佐沛眠，而是提醒我們：**藥物比我們所知道的還要複雜，有多種面向，可能會出現非預期的效果或副作用。**

藥物副作用因個人體質而異

新藥的研發非常昂貴、耗時，從實驗室、動物實驗、第一期至第三期臨床試驗，動用了多少病人與醫療人員，需證明其療效和可接受的副作用後，才能上市。即使如此，還是可能會發生像佐沛眠的矛盾作用。

幸好，這個矛盾作用是好的反應，但如果出現不良反應呢？

再說，**所有的藥都有副作用，不過並不一定會發生。**

例如佐沛眠，主要是作用於抑制腦細胞功能的GABA-IA的omega 1受體。一般認為是安全的導眠劑，服用後，約三十分鐘生效，藥效維持二～四個小時，對無法入眠的人很有幫助。但如果仔細閱讀其仿單，看到所列舉的各種副作用，如激躁、幻覺、嗜睡、頭痛、暈眩、健忘、夢遊、腹瀉、噁心等琳瑯滿目，可能就不敢服用了。

藥物的副作用會不會發生，因個人體質而異，只有服用了才知道，但有些還是可以事先防範。如「健忘」，也就是在服用佐沛眠後、但尚未睡著前，可能說了什麼話或與人敲定什麼事，事後卻完全不記得。因此最好在服用後，立刻上床，不要從事其他活動。

有時認為有效且安全的藥物，上市幾年後，才發現有其他嚴重的副作用。例如「羅非昔布」（rofecoxib，商品名「偉克適」，Vioxx）是一種較不傷腸胃的抑制第二型環氧化酵素（COX-2抑制劑）的消炎鎮痛劑，一九九九年上市後曾被廣泛使用。但後續的臨床試驗發現，這種藥物會增加得心血管疾病的機率，因而在上市五年後，於二〇〇四年下架。所以有時候，新藥不見得比老藥安全。

甚至，研發中的新藥療效不如預期，反而是其副作用變成主角。

最有名的例子就是「西地那非」（sildenafil，商品名「威而鋼」，Viagra）。這是一種第五型磷酸二酯酶抑制劑，原本於一九九〇年初期的臨床試驗中，是用來治療心絞痛與高血壓，但療效不佳，擴張的血管竟不是在預期的心臟，而是在陰莖的海綿體，使不少男士出現勃起現象。後來進一步臨床試驗又讓此藥用於新的適應症，並於一九九八年在美國上市，繼而遍及各國。

藥物的療效也因人而異，不能分享

不久前，有位朋友問我：「為什麼我眼瞼痙攣，醫師卻開給我治療巴金森氏症的藥？」

也常常有人問：「為何我神經痛，醫師卻給我抗癲癇藥？我並沒有癲癇啊。」

這是因為藥物常有多種作用，可以治療不同的症狀，而藥袋上面列出了藥物仿單中的所有適應症之故。

可見藥物有多複雜，對每個人的療效與副作用都不同，有時副作用經過幾年後才逐漸明朗，甚至出現矛盾作用。

所以**非必要時不要服藥，有疑問時一定要請教醫師，更不要「吃好逗相報」，與別人分享藥物。**

老了，也可以睡個好覺

八十歲的朋友說她最近常睡不好，躺在床上翻來覆去約一個小時後，才勉強睡著；隔天打高爾夫球時，告知球友她因睡不著而精神不佳，沒想到竟然有四位銀髮族球友不約而同地拿出安眠藥，讓她回家服用。她覺得服藥的效果不錯，但也擔心是否會上癮。

雖然不建議安眠藥像這樣「吃好逗相報」並分享試吃，但由此可見，「失眠」普遍困擾著老年人。

六十五歲以上的熟齡族，約有半數失眠

約有50％的六十五歲以上熟齡族為失眠所苦，而且大多是超過三個月的慢性失眠。

短期失眠的發生大多有其誘發因素，如健康、經濟、家庭問題、老伴生病或去世等。只要誘發因素消失、改善或逐漸適應後，失眠會隨之減緩或消失。如果一時不能改善，可考慮短期服用安眠藥以度過難關。

而慢性失眠除了以藥物治療，如果還能再接受「睡眠認知行為療法」（cognitive behavioral therapy for insomnia, CBT-I），建立正確的睡眠常識，則療效更佳。

使用安眠藥是個大學問，根據病人的失眠型態而有不同選擇，包括難以入睡、睡眠不能持久、半夜醒來多次、早早醒來、睡眠品質不佳等，適合的藥物因而不盡相同。

安眠藥依其作用機轉分為幾類：苯二氮平類（BZDs）、非苯二氮平類（Z-drugs）、抗組織胺、褪黑激素及其受體促效劑，以及最新的食欲激素受體拮抗劑（dual orexin receptor antagonist）等，其中，最常用的是苯二氮平類藥物，如「贊安諾」（Xanax，學名alprazolam）。

每種藥物都各有其療效及副作用，如半夜起床可能因頭昏或迷迷糊糊而跌倒受傷，且長期服用苯二氮平類藥物，比較容易產生耐受性或依賴性，需經過醫師斟酌之後開立並追蹤，因此我建議這位朋友**應先看身心科醫師**。

睡眠也會「老化」

老年人因常有慢性病而服用多種藥物，因此失眠有可能是藥物的副作用（如利尿劑）或其他疾病所引起，如攝護腺肥大、夜尿症，不寧腿症候群、週期性肢體抽動症以及阻塞型睡眠呼吸中止症候群等等，需對症治療。

睡眠非常重要，是身體修復及清除體內廢物的時段。一般人約需七～八小時的睡眠，但因人而異，有些人只需六小時，只要第二天起來精神飽滿，那就表示有足夠睡眠。

而每個人睡眠的品質差異甚大，有些人長期失眠，但也有人直到七十多歲都還倒頭即睡，一覺到天亮，且醒來神清氣爽。

睡眠也如身體的其他功能一樣會老化。一般而言，老年人難立即入睡，深度睡眠與動眼睡眠時間減少，因此比較淺眠，睡眠時間也較短。最明顯的是其生理時鐘提早，常常晚上八、九點就想睡，清晨三、四點就醒，五點就要出門散步了。

一位七十多歲的朋友就是如此，她說這樣也睡了六至八小時，而且因為不用上班，不必擔心精神不佳，再說白天如果睏了，就小睡一下也無妨。

七個方法，助你一覺好眠

無論是否有睡眠問題，養成良好的睡眠習慣——也就是「睡眠衛生常識」，是一覺好眠最有效的方法，包括：

一、午後不喝咖啡（但因人而異）。

二、每天規律運動，但睡前三小時不做激烈運動。

三、晚上不抽菸、不過量飲酒。

四、晚上在紙上寫下讓你有壓力的事情，煩惱個十分鐘後，把此張紙撕掉，把煩惱放空後睡覺去。

五、睡前一小時開始培養氣氛，如聽喜歡的音樂或讀輕鬆的書。但光線不要太強，且不要看政論節目，以免太過興奮。

六、養成規律的上床與起床時間。白天如果睏，小睡不要超過三十分鐘。

七、只有在睡覺或性行為時才上床，不要在床上看書、滑手機、追劇或打字。

得了糖尿病，可以不吃藥嗎？

一位年約六十歲、身材苗條的朋友問我：「我父親有糖尿病，為了避免自己得病，我一直嚴格控管飲食與體重，很少吃糖，規律運動。十二年來，糖化血色素（HbA1c）都維持在6.5％，空腹血糖也在125mg/dL以內。但最近兩個月，糖化血色素升到6.6％，空腹血糖也些微上升到140 mg/dL以內。你會建議我開始服藥嗎？藥會不會愈吃，劑量愈重、愈沒效，且停不了又傷腎呢？」

第二個問題好回答，也是常聽到的迷思。癲癇、高血壓和糖尿病等慢性病，可能隨著病情愈來愈嚴重或不好控制，而要增加劑量、換藥或加上其他藥物——這是病情所需，而不是服藥引起的。

大部分的藥物是從腎臟代謝，因此腎功能原本就差的人，需要調整劑量。糖尿病若沒好好控制，日久可能會併發腎臟、周邊神經和視網膜病變，藥物和劑量也需隨之調整。

所以朋友認為一旦服藥，劑量就會愈加愈重，且無法停藥，其實是反果為因。

糖尿病是失智的危險因子

糖尿病是很常見的慢性病，全球盛行率約10%，分為「第一型」與「第二型」兩種。

「第一型糖尿病」發生於青少年，病因為胰島素缺乏，是一種自體免疫疾病，大多由新陳代謝科專科醫師長期診治。

「第二型糖尿病」好發於成年人，起因於對胰島素的阻抗，約占所有糖尿病的九成，內科醫師大都有治療的經驗。

神經內科醫師如我，雖然也有些治療糖尿病的經驗，但大多是看到糖尿病的「併發症」，如手腳的周邊神經病變、缺血性腦中風，或與糖尿病有關（共病）的失智症，甚至是藥物治療引起的低血糖症。

流行病學研究顯示，糖尿病患者發生中風或失智症的機率，約為無糖尿病者的一・五倍。因此糖尿病的預防、治療與衛教非常重要。

糖尿病可能造成「混合型失智症」

約20％的腦中風與糖尿病有關。

糖尿病與家族史、肥胖、飲食以及缺少活動等有關，易造成血管內皮傷害，並誘發慢性發炎、過多的醣分與蛋白質或脂質結合，產生糖化終產物

（AGEs）等，導致腦部的大、小血管硬化，而發生缺血性腦中風。

阿茲海默症雖然是大腦退化的失智症，但是和糖尿病有許多相關的病理生物指標，因此，**糖尿病被認為是阿茲海默症的危險因子之一**。

另外，由於糖尿病患者易發生缺血性腦中風，尤其是腦部小血管硬化所造成的小洞梗塞，因此也是血管性失智症的危險因子。而**血管性失智症也可能與阿茲海默症並存，成為混合型失智症**。

二〇二〇年《刺胳針》期刊有一篇論著，強調全球約有40％的失智症可用健康型態來避免。這篇論文中，以十二個「可歸因風險」來顯示對失智症的影響力，也就是若去除了某個危險因子，則可以減少全世界罹患失智症人數的百分比。其中，糖尿病為1％，還包括低教育（7％）、聽力喪失（8％）、抽菸（5％）、憂鬱症（4％）和社交孤立（4％）等。

糖尿病藥物多元，治療前先諮詢專家

治療糖尿病的藥物，有多種選擇。

近年來，陸續上市了幾種不同作用機轉的新類型藥物，有些藥物除了降低血糖，還有減重功效，如類升糖素胜肽-1（GLP-1）或雙重刺激GLP-1與胃抑制胜肽（GIP）的受體促效劑，讓醫師更能發揮專長。

「輕度糖尿病」或「糖尿病前期」，可能經由改善生活型態，如減重、正確飲食與運動等，而讓血糖恢復正常。但是像朋友經過十二年的嚴格控制，仍處於糖尿病前期，是否需服藥？目前沒有定論，這牽涉到醫師的專業觀點與病人的生活型態、喜好等因素。

朋友的醫師並沒有建議她服藥。而術業有專攻，因此針對她的第一個問題，我建議她不妨尋求第二意見，聽聽其他糖尿病專家醫師怎麼說，再回去與原來的醫師討論，以達到共識。

常喘不過氣，竟是缺鐵性貧血

六十八歲的陳女士，九年來因心律不整，定期在心臟內科門診追蹤，服用治療心律不整的藥物與抗凝血劑。

最近一年半以來，她常覺得喘不過氣，與朋友去健行時，總是落在最後；上階梯或上坡時，更是喘得厲害，需要停下來休息好幾次。但因並不是氣喘吁吁，所以她和朋友都不以為意。

她常常覺得很累，一點力氣也沒有，認為可能是肌力老化。朋友們也認為她是肌少症，肌力不夠的關係，於是介紹她去打太極拳，並參加社區的運動課程。

雖然她持之以恆地參加，症狀卻沒有改善，反而愈來愈嚴重。

陳女士把這些問題告訴心臟科醫師，醫師說她每六個月的抽血和心電圖都正常，心臟沒問題，要她去掛胸腔內科門診。

胸腔內科醫師幫她做了肺功能檢查，結果正常。不過，血液常規檢驗卻發現她明顯有貧血，血色素只有8.3 g/dL（正常值是12-16 g/dL），於是請她去掛血液科。

到了血液科，醫師替她進一步地驗血，原來是「缺鐵性貧血」——這下真相大白，立刻開鐵劑讓她服用。兩個星期後，血色素上升至9.5 g/dL，並且症狀持續改善中。

「缺鐵性貧血」是最常見的貧血

「缺鐵性貧血」是最常見的一種貧血情況，原因包括鐵質攝取不夠、營養不良、腸胃道慢性出血等。

但陳女士的飲食狀況一向正常，營養很好，還常吃豬肝，腸胃無慢性出血現象，每年的糞便潛血檢驗也都是陰性，為何會缺鐵？那就要交給醫師繼續找病因了。

陳女士不解，她每六個月抽血不都正常嗎？原來那是驗生化值，如血糖、膽固醇等。而她上次驗血色素是兩年半前，那時的數值正常（13.1g/dL）。

從陳女士的案例可以看出，**即使是一種後來看似明確、簡單的疾病，也不是那麼容易能被診斷出來。**

陳女士和親友經常閱讀報章雜誌的醫學報導，並非醫學文盲，卻都一致認為是肌力不夠，需要多運動來鍛鍊。結果心臟在運動時，因為貧血而要更用力地打出血液，以供應全身細胞所需的氧氣，反而更累。

而且陳女士外表沒有病容，有朋友甚至覺得可能是心理因素呢。

所以，**有症狀時還是要就醫，不要自我臆測，更不要幫別人下診斷。**

如果從貧血這端來看，喘不過氣，容易累、走路慢、沒有力氣，這些不正是貧血的症狀，應該很容易診斷吧？

但這是事後諸葛。事實上，這些症狀並不具特異性，許多疾病，包括心臟、肺部、腎臟、貧血、神經肌肉疾病以及末期疾病的營養不良等，都會出現這些症狀。需要醫師的臨床判斷，選擇正確的檢查，才能對症治療。

醫院分科精細，互相支援

醫藥快速進步，尖端醫療一直提升，大醫院的分科愈來愈細，讓醫師愈來愈專精，甚至隔科如隔山。例如，「內科」就依器官，分為心臟科、胸腔內科、胃腸科、神經內科等多科；而「心臟內科」又有心律不整、心臟衰竭、心臟瓣膜等特別門診。選擇之多，有時讓病人無所適從，甚至得在多科之間轉來轉去。

但從另一方面來說，一個人生了一種病，並不表示不會得其他的病。所以大醫院裡的不同科別互補、互相支援，也是造福病人，只是病人要如陳女士般耐心地配合。

四十年前，當神經內科開始發展次專科，如癲癇、動作障礙、神經肌肉等疾病時，有位師長曾語重心長地說：「我們還是需要能綜觀全局的神經內科醫師，除了對各專長疾病有所涉獵，最主要的是懂得常見的神經疾病，才能造福一般病患。」

四十年後的今天仍然適用，而且也適用於其他科別。

病人住院時，醫師會開立一般的常規檢查，其中之一就是檢驗血液中的紅、白血球、血色素與血小板，以確定不會漏掉看似簡單的重要訊息。這次進行的血液常規檢驗，對陳女士可是功勞一件喔。

下背痛好不了，該開刀嗎？

朋友說她七十歲的親戚腰痛一、兩年了，時好時壞，休息後則會好一點。由於親戚的左小腿有點萎縮且無法踮腳尖，醫師認為是腰椎疾病壓迫到腰椎神經的關係，而建議動手術治療。但她的親戚有糖尿病，且所服用的抗凝血劑在手術前需停用幾天，擔心會有問題，因此問我的意見如何。

幾乎每個人都曾有過「下背痛」（俗稱「腰痛」），且隨著年齡的增長而增加。

下背痛，分為「急性」（少於六週）、「亞急性」（六～十二週）及「慢性」（十二週以上）。並依其周遭組織、神經和脊髓受損而造成疼痛的情況，分為三種：非特異性疼痛（non-specific pain）、傷害性疼痛（nociceptive pain）和神經性疼痛（neuropathic pain）。

人類的五節腰椎與下方的薦椎相連，椎體之間有椎間盤，以承受並緩衝外來的壓力；上下腰椎之間並以小面關節相連結；腰椎周圍，有各種韌帶與交織的肌肉。當這些錯綜複雜的組織受損或受到拉扯時，就會造成下背痛。

一、非特異性下背痛

這是最常見的，約占所有下背痛的八～九成。大都是因為使用過度（如拿重物）、肥胖、久坐、長時間走路或開車、姿勢不良，讓腰椎及其周遭組織受到拉扯或擠壓之故。

經過熱敷、局部輕輕按摩、服用非類固醇止痛消炎藥及肌肉鬆弛劑，就會緩解。

但如果生活方式沒有改善，如常需搬重物的工作者，長時間站立的專櫃小姐、外科醫師，以及需搬動病人的醫療人員等，急性背痛就可能變成慢性，造成生活、工作上的負荷。

二、傷害性疼痛

當下背痛同時出現發燒、體重減輕等症狀，或長期服用類固醇，就得考慮是不是腰椎或其周遭組織，出現感染、癌症或壓迫性骨折等狀況，需要對症治療。

多年前，有位腰痛的年輕人經診斷為罹患結核菌脊椎炎，經過外科引流術與抗結核菌藥物的治療後痊癒。也曾有位中年人來門診時，腰痛得大叫，做神經檢查正常，但下背部明顯有壓痛，住院檢查後，發現是肝癌轉移到腰椎。

三、神經性疼痛

人類的脊柱中間有個管腔，容納脊髓——脊髓經由脊椎的椎間孔，送出神經根，分支成各種感覺與運動神經，讓軀幹、手腳的肌肉與皮膚，能有感覺並動作自如。

當腰椎的「椎間盤」因受外力、退化而突出，則可能壓到旁邊的神經根，而造成神經痛，其中以「坐骨神經痛」最常見。

椎體如因外力或退化影響而向前滑脫，加上韌帶肥厚和小面關節退化，則可能造成脊椎管腔狹窄，而出現「神經性間歇跛行」——也就是走一段時間後，雙腳出現疼痛、麻木或無力症狀，需經過休息才能恢復。治療方式為改善作息、復健與服用非類固醇消炎止痛藥至少三個月，如果無效，才需要考慮動手術。

椎間盤突出的神經減壓手術較簡單，脊椎管腔狹窄的手術則較複雜。手術方式與器材不斷創新，且視骨科或神經外科醫師的專長與偏好而定。而且，手術的目的主要在防止症狀繼續變壞，如果神經壓迫太久已造成損傷，不見得會完全恢復。

有慢性病的疼痛患者，對手術應審慎以待

其實，疼痛很主觀，除了客觀的組織、神經等受損的生物因素，也受到社會文化、心理、認知、生活、工作、環境，以及個人期待等的影響。

例如兩年多前，我因第三、四與五節腰椎滑脫，導致脊椎管腔狹窄，出現神經性間歇跛行，經過三個月的復健和藥物療程，仍然是只走六分鐘就必須休息幾分鐘，才能夠繼續走，嚴重影響我需獨居自主的生活品質。

由於我沒有慢性病，因而選擇接受腰椎神經減壓、鋼釘內固定、骨融合的微創手術。手術成功後，又可以到處趴趴走了。

回到文章開頭朋友的問題，我告訴她，由於並非病人第一手資料的敘述，我也沒看到病人，不知是否有神經損害及其嚴重度；即使傳來幾張腰椎核磁共振影像，但因缺乏全盤評估，我無法給意見。

我只能建議對方有任何疑慮，都應直接與其主治醫師討論，必要時，另外尋求第二意見。

如果病人的生活不是很活躍，有家人照顧，且又擔心慢性病的服藥與傷口復原時，對手術應審慎以待。

了解中風(一)——大腦出現「白質病變」，是中風嗎？

兩位朋友自費接受高階健檢後，分別傳來腦部磁振造影（ＭＲＩ）的影像，問我的意見。

一向活躍的Ａ女士八十歲，沒有三高或失智，被告知「大腦有白質病變」。她問：「是什麼意思？需要服藥嗎？」

Ｂ男士六十歲，有高血壓且規則服藥，不曾中風，磁振造影也出現「大腦白質病變」，還有個「小洞梗塞」。他問：「這是中風嗎？」

不能忽視的「腦部小血管病變」

人類的腦血流，包括「前循環」與「後循環」。

「前循環」來自兩側的內頸動脈，分支成中腦與前腦動脈。**「後循環」**由左右兩側的椎動脈會合成基底動脈，再分支為後腦動脈。

前、後循環在大腦底部相接，形成一個完整的動脈環。這些大動脈會分支出許多小動脈，穿入腦中，成為細小動脈以供應腦血流。

而細小動脈，最後是連接到微血管和靜脈，並與神經元、各種神經膠質細胞，形成一個「血管—膠質細胞—神經元」的功能性單位，以維持神經元與神經傳導的運作。

當腦部大動脈阻塞時，會造成明顯的腦梗塞，常見症狀包括單側肢體麻木無力、嘴歪臉斜或失語症等。如果患者多次中風，則可能造成血管性失智症。

因此，「大動脈阻塞」一向是腦中風防治的焦點。

不過近年來，磁振造影技術不斷精進，影像解析度愈來愈清晰，使得腦部「小血管病變」的重要性逐漸浮出，而且還可能與阿茲海默症的腦病變同時存在，而加重患者的失智程度。

腦部小血管病變，在磁振造影上的表現包括「小洞梗塞」（lacunar infarction）、「腦白質病變」（white matter hyperintensities）、「微出血」和「腦萎縮」等。因此，除了出現腦部受損的局部症狀，還會影響到神經傳導功能。輕度時，可能沒症狀或沒察覺；但嚴重時，會造成動作遲緩、走路困難如小碎步、失智和情緒障礙等。

「隱藏性中風」，不容易發現

早在一八三八年，就有學者經由患者的腦部解剖發現，細小動脈的血管壁出現脂透明性及類纖維性變化，使管壁增厚，導致管腔狹窄，而造成小洞梗塞。並且這也與高血壓和老化有關。

「小洞梗塞」雖然常見，約占所有缺血性中風的25％，且以華人居多，但症狀常不明顯，甚至被稱為「隱藏性中風」。

但單一的小洞梗塞如發生在特殊部位，例如在視丘，則會出現近期記憶減退；如在內囊（internal capsule）的神經纖維，則會造成對側肢體無力、但感覺正常，這時就比較容易引起注意而就醫。

多累積認知存款，遠離腦白質病變

「腦白質病變」在老年人很常見，通常是從大腦的側腦室邊緣逐漸擴大。一般而言，面積愈大，症狀愈嚴重。但也有例外，有些人的白質病變很明顯，卻沒有症狀，可能與其豐富的大腦存款或認知存款有關。

腦部小血管病變的治療與預防，比照一般腦中風，包括要治療高血壓、糖尿病與高血脂等危險因子。

但症狀是否出現、其嚴重程度，則受到很多因素的影響，包括病變的種類、部位、範圍大小，是否合併阿茲海默症，**尤其是否有「大腦存款」或**

「認知存款」等。

「大腦存款」是指天生腦容積大，腦細胞與互相連結的突觸多。「認知存款」則指後天的受教育、多動腦等心智活動、運動、良好睡眠，以及社交活動等健康的生活型態。

我恭喜A女士，她有足夠的認知功能存款，不用擔心，但可看神經科醫師，以進一步了解情況。

而B男士，我告訴他，他的「小洞梗塞」是中風的一種。但幸好他有在服用降血壓藥物，並請他與醫師討論是否需服用抗血小板凝集藥物，以預防中風。

了解中風（二）——

突然有妄想和幻覺，竟然是腦中風？

六十五歲的陳女士最近兩週以來的行為怪異，常覺得有人在跟蹤她、要害她，還說晚上看到床上橫放著木棍而不敢上床睡覺，情緒低落，且記憶明顯減退，會重複打電話給朋友或在外地的兒子。除了覺得左手、左腳有點麻麻的感覺外，她行動自如，口齒清晰，表達無礙。

陳女士一向生活自理，患高血壓多年皆以藥物控制，沒有精神疾病的相關病史。

兒子帶她看神經內科門診，醫師發現她的左邊視野缺損（左側偏盲），於是安排做腦部磁振造影檢查。

果然，在右側大腦的顳葉、頂葉與枕葉，有大片的缺血性腦中風。右側枕葉病變，造成她左側偏盲；顳葉病變，導致近期記憶減退；頂葉則與左側的手腳發麻有關。至於被害妄想（覺得有人要害她）以及視幻覺（看到床上並不存在的木棍）等精神症狀，在大腦沒有明確的定位。

陳女士的腦部磁振血管攝影檢查，顯現是右側後腦動脈栓塞所造成的中風。服用抗精神藥物後，她的精神症狀明顯改善。

中風的症狀與受損的部位相關。

陳女士的中風部位，不處於大腦額葉的運動區或其神經纖維所經過的腦區，因此沒有出現一般人所認知的單側肢體無力（偏癱）、或嘴歪臉斜等中風的常見症狀。

又因她的中風不是發生在控管語言能力的左腦額葉或顳葉，因而沒出現失語症等溝通障礙。

雖然左側視野缺損，但只要頭轉向左邊就能看得見，因此她並未察覺，以致沒想到是中風。

如果不是神經科醫師在門診時仔細檢查，發現陳女士有左側偏盲，很可能腦中風不會被診斷出來，而以為是精神或情緒疾病。

「不會讀、但會寫」，是怎麼一回事？

供應人類大腦的血流，有四分之三來自於「前循環」，也就是中腦動脈與前腦動脈；四分之一來自於「後循環」，即後腦動脈。

後腦動脈阻塞所造成的症狀非常多樣，依其影響部位，以及是左邊或右邊，而有所不同。

多年前，曾有位老先生早上起床看報時，發現報紙的版面竟然只有一半，他都看不懂，以為這世間怎麼在一夕之間變了樣。幸好兒子帶他來門診，也是發現右後大腦動脈阻塞所造成的左側偏盲。

我印象最深刻的是大約三十年前，台灣剛開放至中國大陸探親不久，一位老先生寫了封信給中國的親人，寫完後，卻發現看不懂自己所寫的內容，非常懊惱。

就醫後，發現是一種典型、但少見的「不會讀、但會寫」症狀。

這是因為左側的後腦動脈栓塞，造成左側枕葉與胼胝體的後端中風。胼胝體連結左、右大腦，當其後端出現病變時，右側視野的文字無法傳至左側的語言中樞，因而無法閱讀，這是「失聯症候群」（disconnection syndrome）的一種。

「神經症狀」與「精神症狀」，可能會同時出現

中風後，除了造成肢體障礙和行動不便，約有三分之一的患者會出現精神情緒問題，包括憂鬱、焦慮、情緒不穩、妄想和幻覺等。

將近5%的中風患者有妄想和幻覺等精神症狀，但是像陳女士以此作為中風的最初表現或唯一症狀，則很少見，醫學文獻裡只有零星的病例報告。

例如發表於二〇一九年《美國急診醫學期刊》（*The American Journal of Emergency Medicine*）的一篇論文，敘述一位六十二歲女士覺得全身癢，還看到許多小昆蟲在她的身體和頭髮上爬。她把小昆蟲拍照後，拿給醫師看，但醫師並沒有看到昆蟲。做了磁振造影檢查，發現她的右側枕葉有缺血性腦中風。

腦中風所造成的精神症狀，通常發生於右腦病變。雖然有學者認為是與右外側額葉及其神經傳導有關，但並沒有定論，例如陳女士以及有昆蟲幻覺的病例，她們的病變都不在額葉。

「神經學」與「精神學」本來就密切相關，不少疾病同時具有神經症狀與精神症狀，例如中風、神經退化性疾病（如阿茲海默症、巴金森氏症）、自體免疫腦炎等。

因此，**如果從來沒有精神疾病的人——尤其是老年人——突然或在幾天內出現精神症狀時，要先排除是否有「神經疾病」的可能。**

了解中風（三）——易被忽略的「後循環腦中風」

七十三歲的陳先生清晨起床時，覺得左手臂麻麻的，手機用起來不太順手。他有糖尿病、高血壓、高血脂與心血管疾病，且冠狀動脈曾裝了支架。

下午三點，家人帶他掛急診。因他有三高與冠狀動脈病史，加上左手臂發麻，醫師擔心是急性心肌梗塞。替他照了胸部X光，抽血檢測心肌酶指數等都正常，只有心電圖顯示陳舊性心肌梗塞，於是讓他回家觀察。

第二天，家人發覺他走路不穩，帶他回急診室。醫師發現他左側偏盲，走路時容易撞到左邊的物品，必須把頭轉向左邊才能看到整支手機，因此顯得操作不靈活。

經過腦部電腦斷層檢查，發現右側枕葉與顳葉內側，有大片的缺血性腦中風。磁振造影掃描則顯示，除了中風，右側後腦動脈的進端處有明顯狹窄，因而診斷是動脈硬化造成血管狹窄，而導致了缺血性腦中風。

陳先生住院後，服用抗血小板凝集劑，病情穩定了下來。出院後，繼續回門診追蹤。他並沒有因為第一天未診斷出中風而影響病情或預後，但其發病與診斷過程，值得醫病雙方參考。

一、後循環中風不易察覺

前文提到，人類的腦血流分為前、後兩大系統。

「前循環」來自兩側的內頸動脈，分為前腦動脈與中腦動脈，供應大腦前大半部的血流。如果中風，會出現單側肢體麻木無力、嘴歪臉斜和失語症等一般所熟悉的症狀。

「後循環」來自兩側的椎骨動脈，進入顱內之後，會合成基底動脈。除了分出兩側的後大腦動脈與三條小腦動脈，以供應後側大腦（枕葉、視丘）與小腦，還分出許多小血管到腦幹，非常複雜。

「後循環中風」約占所有缺血性中風的20％，症狀依中風部位而有所不同。雖然也會有肢體麻木、無力的現象，但大多是平常不易察覺的視野偏盲、複視或視線模糊、反應遲鈍、口齒不清、協調不佳和走路不穩等現象，還有頭昏、暈眩、噁心與嘔吐等非特殊症狀，而不易聯想到是中風。

例如美國耶魯大學醫學院發表於二〇一六年三月《中風》期刊的一篇論文，回顧四百六十五名缺血性中風案例的病歷，發現最初在急診室沒被診斷出來的病例，「前循環中風」有16％，而「後循環中風」則高達37％。

二、口訣「BE-FAST」，提升後循環中風診斷

有個快速評估是否腦中風的「FAST」口訣：「微笑、手舉高、說話、搶時間」（Face、Arm、Speech、Time）。這很實用，但不易偵測後循環中風的症狀。

因此，學者提出增加「BE」兩項，即「平衡、眼睛」（Balance、Eyes）——需注意患者的平衡、走路、視野與眼球轉動等問題。

三、「框架效應」與「定錨效應」造成的認知錯誤

臨床醫師的養成需要快思與慢想。急診室的病情大都緊急，醫師需在資訊還不明朗的情況下，根據醫學知識與經驗，快速思考做決斷並立即處理，難免會受到訊息所呈現的框架（也就是「框架效應」，framing effect）或定錨方式（即「定錨效應」，anchoring，也就是根據最初的印象或資訊即下定論）的誘導。例如有過冠狀動脈疾病的人，當出現左手臂發麻，就會聯想到需緊急治療的心肌梗塞，而沒想到有其他可能。

四、「追蹤」非常重要

當病情沒改善或病況變糟時，一定要回診，讓醫師再評估。醫師也要跳出「框架效應」，找尋新的線索，以對症治療。

自體免疫腦炎，一種少見、但可治療的疾病

三十歲的陳小姐，一個月前開始出現一些奇怪的行為，例如看到不存在的蛇與老鼠等，讓她害怕得躲在房間角落。

兩個星期前，她突然發作數次癲癇，被送往醫院急診並住院治療，接受抗癲癇藥物後，癲癇不再發作。

陳小姐的腦部磁振造影掃描正常，但腦波出現「瀰漫性慢波」。腦脊髓液檢查發現白血球稍高、蛋白質偏高，葡萄糖值正常。

儘管找不出確切的病因，但考慮無法排除疱疹性腦炎的可能性，且此種

腦炎有藥物可治療，於是先給予靜脈注射抗病毒藥物六天，但不見療效。而且，她變得走路不穩、神智混亂、表情呆滯，無法言語，只能發出無意義的聲音。

第二次腦脊髓液檢查的數值都正常，但是將腦脊髓液與血液送去做免疫腦炎抗體檢查，發現都有抗NMDA受體的抗體，因而確診為抗NMDA受體的「自體免疫腦炎」。

因此，給予五天的靜脈注射類固醇脈衝療法，但也無效。陳小姐繼而接受了五次血漿置換術，病情才明顯進步，神智逐漸清楚，開始可與人對話了。

什麼是「自體免疫腦炎」？

「自體免疫腦炎」是病人的免疫系統產生了對抗自己腦神經細胞的抗體，而誘發的腦炎。主要症狀是癲癇發作，記憶和認知功能快速減退，以及焦躁、憂鬱、幻覺等精神症狀。

但並不是所有的症狀都會出現，而且許多疾病也會出現這些症狀，因此很不容易診斷。

自體免疫腦炎很少見，近十五年才逐漸受到重視。其抗體分為兩大類。一類是對抗「神經細胞內」的抗原，通常會合併有身體其他器官的癌症，特別是婦科的癌症，治療效果較差。

另一類則是對抗「神經細胞膜表面上」的抗原，以NMDAR和LGI1這兩種抗原最為常見，好發部位有海馬迴和顳葉等邊緣系統，因此也稱為「邊緣葉腦炎」，比較少合併有身體其他癌症，對類固醇、血漿置換術和靜脈注射免疫球蛋白（IVIG）這三種療法的反應良好，且愈早治療，效果愈好。

類固醇、血漿置換術和靜脈注射免疫球蛋白這三種治療，都有抗發炎、抗免疫的效果，但作用機轉、投與方式、療效、副作用、健保給付與治療費用不盡相同。而且每位病人對三種療法的反應不一，比如有人對類固醇療效佳，但像陳小姐則是類固醇無效，需以血漿置換術治療。

醫師通常會先運用靜脈注射類固醇脈衝療法。如果無效，則會診腎臟內科醫師施行血漿置換術。再無效，則注射昂貴的免疫球蛋白。若仍無效果，則考慮第二線的其他抗免疫藥物。

善用「神經三寶」，愈早治療，效果愈好

其實大腦的免疫疾病早就存在，如多發性硬化症、急性瀰漫性腦脊髓炎。周邊神經系統的免疫疾病也不少見，如急性或慢性去髓鞘性神經炎。因此，神經科醫師對自體免疫疾病的治療並不陌生。

近年來，各種抗體檢測愈來愈精準，醫師的警覺性也提高，使得原來難以診斷的自體免疫腦炎能確診，而且能以類固醇、血漿置換術或免疫球蛋白治療，不僅嘉惠病患，也讓醫師有成就感。怪不得有些醫師稱這三種治療為「神經三寶」。

當然，手中的利器一定要慎加使用，既取其療效，但也要注意其副作用。

健康生活，增強自身的免疫力

COVID-19在全球造成的影響極鉅。走過疫情，我們學到了什麼？

仔細分析，並不是所有接觸到新型冠狀病毒的人都會被感染。即使感染了，約有25%的人無症狀，其他是輕症、重症、呼吸衰竭，死亡率約2%～3.4%。這是因為**致病與三個因素息息相關：個人（宿主）、病毒與環境**。

以「病毒」來說，COVID-19的病原是新型冠狀病毒（SARS-CoV-2），為RNA病毒，很不穩定，容易突變，非個人所能掌控。

至於「環境」，雖然我們可保持環境與衣著清潔，常以酒精消毒雙手，保持社交距離，避開人群聚集之處，但有時防不勝防。

那麼，在「個人（宿主）」因素方面呢？這可分為兩大類來看。

有「共病」的年長者，要特別小心

第一大類是與生俱來的，如基因、性別、年齡和慢性疾病的影響。

世界各國感染COVID-19的機率與死亡率不盡相同，因此有學者推論，可能與種族或某些基因的多型性有關，但目前沒有定論。

新型冠狀病毒必須與人體細胞膜上的第二型血管收縮素轉化酶（ACE2）受體結合，才能入侵細胞。而在〈性別平等，但醫療上男女有別〉這篇也提到，男性的ACE2表現較高，因此罹患COVID-19的機率比女性高。

年長者的免疫系統可能老化，而有高血壓、糖尿病、心血管疾病等「共病」，以及服用抗癌藥物或類固醇者，免疫力下降，對病毒的抵抗力較弱。

有一篇來自韓國，發表於二〇二一年《醫學年鑑》（*Annals of Medicine*）的回顧性論文，分析五千六百二十一位COVID-19住院病人，其中25.8%沒有症狀。研究發現疾病的致死率與最初是否有症狀，並無統計上的相關，而是與年齡及共病密切相關。

可見當有共病的年長者罹患COVID-19時，不能掉以輕心，應住院接受治療，而且一般年長者應優先注射疫苗。

健康的生活型態，操之在己

第二大類的個人因素是生活型態，這點則操之在己，就是**以健康的生活方式來增強自身的免疫力**，阻擋病毒入侵，或者即使感染了，症狀也不嚴重。

我一再強調，良好的生活習慣本來就是健康的基礎。其中最有效的，是透過**充足睡眠**、**健康飲食與充分運動**來增強免疫力。比如除了攝取足夠的蛋白質與新鮮蔬果，還要少吃甜點和零嘴。

「運動」則是增加體適能與免疫力最有效的方法，且能讓身心愉悅，並減少焦慮與憂鬱。

二〇二一年《英國運動醫學期刊》（*British Journal of Sports Medicine*）有一篇來自美國的論文，對於四萬八千四百四十名COVID-19感染者做回溯性研究，發現平常很少運動者的死亡率，為每週至少從事一百五十分鐘中等程度運動者死亡率的二．四九倍。

疫情期間，無法從事網球、游泳和高爾夫球等運動，但可以健走、快走、在家走跑步機，或到郊外、河堤騎自行車，甚至清理家務或庭院等。我喜歡早晚戴著口罩，到人少的公園步道散步各一個小時，每天至少走八千步。下雨時，就在家跟著手機裡的視訊音樂手舞足蹈、伸展身軀，不僅健身，也能放鬆心情。

病毒，可以跟我做朋友嗎？

COVID-19疫情期間，清晨五點多，喝下一杯優酪乳替腸道增強益生菌後，趁著清晨人跡稀少，到附近的公園步道散步。我反射性地戴上口罩，如今沒戴口罩就好比沒穿衣服，邁不出門。

在公園的石板小徑上，忽見一個灰灰的小東西，好像會動。彎身一看，原來是隻不到一公分大小的椿象幼蟲，六隻細腳緩緩爬行。牠淺灰的身軀與石板的灰色顆粒幾乎融在一起，本該是很好的保護色，但此時此地卻很容易被路過的行腳踩踏。

椿象幼蟲走錯了地方，生命堪虞，讓我想到新冠疫情嚴峻時，大家不群聚、不社交，不就是怕誤入危險之境或遇到感染病毒的人嗎？

然而，大千世界也有共生共榮。

如深山裡，高大的樹幹上常長著一簇簇蕨類，一同蒼鬱茂盛；花朵靠蜜蜂和蝴蝶傳粉受精，繁衍後代，且讓蜂蝶有食糧，人類有眼福；牛背鷺優雅地站在牛背上歇息，啄食牛背上的寄生蟲，互惠共生。

即使是惡名昭彰的細菌，也有與人類共生的好菌種，例如一百兆個腸道菌能幫助人體消化食物、吸收營養、抑制發炎，並帶動市面上的益生菌食品無限商機。

連癌細胞經過化療或標靶療法後，也懂得稍稍平息，以慢性病的姿態與人類和平共存，畢竟把宿主殺死了，癌細胞不也無處容身，一同毀滅！

那麼，新型冠狀病毒難道就不能學一學細菌，嘗試和人類做朋友嗎？

病毒為了生存，會不斷突變

人類與細菌共存，其實是常態。在互相消長中取得平衡，可能是地球萬物的生存法則。

我們常常受病毒干擾，如感冒、流感，大都無礙，C型肝炎與愛滋病等也有藥物可控制，只是對新型冠狀病毒的治療才剛剛起步。

同樣都是微生物，但此病毒比細菌小得多，約只有細菌的一千分之一大小，且構造很簡單：裡面是基因體，外面是蛋白質與脂質包膜。簡單到無法自行複製、繁衍，只能設法進入宿主細胞，藉此繁殖後代；之後從細胞釋出，細胞凋亡，再感染其他細胞。

對這種幾乎「毫無家當，無後顧之憂」的莽撞小小病毒，可選擇的藥物不多，不像細菌可以用抗生素治療。

雖然美國默克藥廠的口服膠囊於二〇二一年十一月初，在英國獲准緊急使用於COVID-19，美國輝瑞藥廠也宣布，其新冠口服膠囊已向美國食品藥物管理局申請使用授權，但畢竟還不普及。

目前只能靠增強人體免疫力或打疫苗，來對抗病毒。

但是，病毒為了生存會不斷突變，疫苗又要跟著變變變，如此不斷較量，可能落得兩敗俱傷。多麼希望能複製一個像人類與細菌共存的模式，例如病毒可以寄存在我們的鼻腔裡，當一個噬菌體，殺死外來的細菌以保護人類。

大千世界裡，有共生共榮

撿起一片樹葉，我把椿象幼蟲以葉片輕輕托起，移到旁邊的草地上，心中一陣溫暖。

繼續往前走，腦中縈繞著：人類與那麼多的生物都互助共存，也許有朝一日，我們可以如科幻片似的找到方法，像接納腸道菌般，與新型冠狀病毒和平共處，成為好朋友？

【後記】

當你七十歲，想過什麼樣的生活？

不知是否因年過七旬，深感時不我與，老朋友、老同學（小學、中學、大學）的聚會接踵而至，忙得很呢。

相聚不只是歡樂敘舊與珍惜情誼，也有傷心，不捨幾位七十多歲的好友罹病多年後往生；還有感嘆，並替目前正與癌症奮鬥的同學打氣；更有欣慰，如聽到老友抗癌成功或順利植入冠狀動脈支架；也有人要照顧九十多歲的長輩而身心俱疲。

聊到最後的話題幾乎都是——「健康最重要」。

活到七十多歲，家庭、事業大都已定，能改變的不多。有人小時了了，長大更是一帆風順，青雲直上；有人小時課業不佳，後來卻成就非凡。這些都不用羨慕，更不用比較。如果真要比，就比誰活得長久、健康、自在而圓滿吧。

年過七十，仍可以如小學生般，認真地寫下「我的志願」——

一、維持健康的生活習慣

再強調一次，「良好的生活習慣」是維持健康的不二法門。如：睡眠充足；盡量採用多蔬果、魚類等的地中海式飲食；喝少許酒，但不抽菸；多參加旅遊、健行、聚餐、聽演講等活動；獨處時，則可閱讀或寫回憶錄等。

如此動腦、動身、動腳與人際互動，身心健康，遠離失智。

二、遵循醫師的治療

若有慢性病如高血壓、糖尿病等，需配合醫囑治療，避免有併發症。

三、有症狀時不要輕忽

年紀大了，身體難免有些小問題。若是觀察一陣子沒改善，或合併體重減輕等症狀，則不要自我臆測，請就醫。

四、跟上數位科技的潮流

善用社群軟體以分享訊息，並不吝按讚。或者與朋友及遠方的家人視訊，維繫感情，讓心情愉悅。

五、做個有趣的老人

幽默自嘲是最好的潤滑劑。

我參加一個女性成長團體多年，某次的慶生會壽星剛好是一位高䠷的年輕美女與矮小而年長的我。兩人並列在台前切蛋糕時，有位社姐讚嘆道：「兩人看起來好像是戴安娜王妃與德蕾莎修女喔。」

我脫口而出：「我不知道我長得像戴安娜王妃呢！」全堂爆笑。

六、心態是最後的把關，正面思考是最有效的利器

飾演電影《雷神索爾》主角的三十九歲澳洲演員克里斯．漢斯沃（Christopher Hemsworth），在二〇二二年的實境影集《克里斯．漢斯沃的極限挑戰》中，聽到醫師告知他的基因檢測結果，「具有從父母各得一個載脂蛋白第四型的對偶基因（ApoEε4），罹患阿茲海默症的機率為一般人的八到十倍」時，臉部表情嚴肅，但繼而他心態一轉，眼睛一亮說：「這會給我動力，現在就積極地開始預防阿茲海默症。」

健康長壽、自在圓滿，許下你的七句志願

我所參加的社區大學課程，有回老師帶領我們爬台中的小百岳「頭嵙山」，走大坑三號步道的圓木棧道，陡直上下，幸好兩旁有粗繩可拉。

我步步為營地慢慢走，雖然無法攻頂，但欣賞夥伴們拍的攻頂照，也很滿足。尤其自己沿途悠哉地取景拍照，與過往遊客點頭、寒暄，也很快樂。我每次都提醒自己，就像吃到飽的豐盛自助餐，只取自己喜歡的或能消受的，不用每一樣都吃、每件事都要做到盡善盡美啊。

有位一路「勇腳」的同學，卻在回程時踩空了最後一個階梯，左腳踝扭傷腫痛，難免懊惱。

但她說：「生命總有起伏。幸虧有護法護佑，小災消業是很好的事啊！」

我也替她感到慶幸，只是扭傷，而沒有骨折或其他更嚴重的傷害，而且是發生在最後一階，不是在山頂，否則怎麼下山回來呢。

杜甫詩「人生七十古來稀」，孔子曰「七十而從心所欲，不逾矩」。有同學說「人生七十才開始生大病」，也有人說「人生七十，歲月靜好」或「人生七十，自在滿足」……

那麼，你呢？

國家圖書館預行編目資料

終究一個人,何不先學快樂的獨老/劉秀枝著. --
初版. -- 臺北市 : 寶瓶文化事業股份有限公司,
2023.10　面；　公分. -- (Restart ; 25)
ISBN 978-986-406-379-6(平裝)
1.CST: 老年 2.CST: 生活指導 3.CST: 健康照護

544.8　　112014911

Restart 025

終究一個人，何不先學快樂的獨老

作者／劉秀枝醫師
企劃編輯／丁慧瑋

發行人／張寶琴
社長兼總編輯／朱亞君
副總編輯／張純玲
編輯／林婕伃・李祉萱
美術主編／林慧雯
校對／丁慧瑋・劉素芬・陳佩伶・劉秀枝
營銷部主任／林歆婕　業務專員／林裕翔　企劃專員／顏靖玟
財務／莊玉萍
出版者／寶瓶文化事業股份有限公司
地址／台北市110信義區基隆路一段180號8樓
電話／(02)27494988　傳真／(02)27495072
郵政劃撥／19446403　寶瓶文化事業股份有限公司
印刷廠／世和印製企業有限公司
總經銷／大和書報圖書股份有限公司　電話／(02)89902588
地址／新北市新莊區五工五路2號　傳真／(02)22997900
E-mail／aquarius@udngroup.com

著作完成日期／二〇二三年七月
初版一刷日期／二〇二三年十月三日
初版四刷+日期／二〇二四年十月十五日

ISBN／978-986-406-379-6
定價／三六〇元

AQUARIUS 寶瓶 文化事業

愛書人卡

感謝您熱心的為我們填寫，
對您的意見，我們會認真的加以參考，
希望寶瓶文化推出的每一本書，都能得到您的肯定與永遠的支持。

系列：Restart 025　**書名：終究一個人，何不先學快樂的獨老**

1.姓名：＿＿＿＿＿＿＿＿＿＿ 性別：□男 □女

2.生日：＿＿＿年＿＿＿月＿＿＿日

3.教育程度：□大學以上 □大學 □專科 □高中、高職 □高中職以下

4.職業：＿＿＿＿＿＿＿＿

5.聯絡地址：＿＿＿＿＿＿＿＿＿＿＿＿＿＿＿＿＿＿＿＿＿＿＿＿＿

聯絡電話：＿＿＿＿＿＿＿＿＿ 手機：＿＿＿＿＿＿＿＿＿

6.E-mail信箱：＿＿＿＿＿＿＿＿＿＿＿＿＿＿＿＿

□同意 □不同意 免費獲得寶瓶文化叢書訊息

7.購買日期：＿＿＿年＿＿＿月＿＿＿日

8.您得知本書的管道：□報紙／雜誌 □電視／電台 □親友介紹 □逛書店 □網路 □傳單／海報 □廣告 □瓶中書電子報 □其他

9.您在哪裡買到本書：□書店，店名＿＿＿＿＿＿ □劃撥 □現場活動 □贈書

□網路購書，網站名稱：＿＿＿＿＿＿＿ □其他＿＿＿＿＿＿

10.對本書的建議：（請填代號 1.滿意 2.尚可 3.再改進，請提供意見）

內容：＿＿＿＿＿＿＿＿＿＿＿＿＿＿

封面：＿＿＿＿＿＿＿＿＿＿＿＿＿＿

編排：＿＿＿＿＿＿＿＿＿＿＿＿＿＿

其他：＿＿＿＿＿＿＿＿＿＿＿＿＿＿

綜合意見：＿＿＿＿＿＿＿＿＿＿＿＿＿＿＿＿＿＿＿＿＿＿＿＿＿＿＿＿＿＿

11.希望我們未來出版哪一類的書籍：＿＿＿＿＿＿＿＿＿＿＿＿＿＿＿＿＿＿＿

讓文字與書寫的聲音大鳴大放

寶瓶文化事業股份有限公司

（請沿此虛線剪下）

廣告回函
北區郵政管理局登記
證北台字15345號
免貼郵票

寶瓶文化事業股份有限公司 收

110台北市信義區基隆路一段180號8樓

8F,180 KEELUNG RD.,SEC.1,

TAIPEI.(110)TAIWAN R.O.C.

（請沿虛線對折後寄回，或傳真至02-27495072。謝謝）